신성철 전 카이스트 총장의
대한민국 과학기술 미래전략

신성철 전 카이스트 총장의
대한민국 과학기술 미래전략

1판 1쇄 인쇄 2021. 12. 15.
1판 1쇄 발행 2021. 12. 20.

지은이 신성철

발행인 고세규
편집 이주현·심성미 디자인 정윤수 마케팅 백미숙 홍보 이한솔
발행처 김영사
등록 1979년 5월 17일(제406-2003-036호)
주소 경기도 파주시 문발로 197(문발동) 우편번호 10881
전화 마케팅부 031)955-3100, 편집부 031)955-3200 | 팩스 031)955-3111

값은 뒤표지에 있습니다. ISBN 978-89-349-3706-7 03320

홈페이지 www.gimmyoung.com   블로그 blog.naver.com/gybook
인스타그램 instagram.com/gimmyoung 이메일 bestbook@gimmyoung.com

좋은 독자가 좋은 책을 만듭니다.
김영사는 독자 여러분의 의견에 항상 귀 기울이고 있습니다.

기술패권주의
시대,
우리는 무엇을
해야 하는가?

신성철 전 카이스트 총장의

대한민국 과학기술 미래전략

신성철 지음

초일류 대한민국 실현을 위한 비전과 10대 국가 어젠다
과학기술이 국가 미래를 결정한다!

김영사

4. 과학기술 혁신 10대 국가 어젠다

5. 차세대 먹거리 산업 육성

6. 과학과 정치의 상생 협력

다음 반세기를 향한 비전

국가가 지속적으로 발전하기 위해서는 역사에 대한 자부심, 미래에 대한 비전, 비전 성취를 위한 추진 전략이 있어야 합니다.

대한민국은 반세기 만에 세계 최빈국에서 G10 경제 선진국으로 도약한 자랑스러운 역사를 만들었습니다. 2021년 7월 유엔무역개발회의UNCTAD는 한국을 선진국으로 격상했습니다. 유엔무역개발회의가 창설된 지 57년 만에 취약국가에서 선진국으로 탈바꿈한 최초의 국가가 바로 대한민국입니다. 지난 10년간 과학기술원(DGIST와 KAIST) 총장으로 재임하면서 만난 수많은 외국 주요 인사들은 한결같이 한국이 단기간에 이룬 놀라운 성장에 찬사를 보내며 그 비결을 배우고 싶어 했습니다.

우리나라는 1960년대 산업화, 1980년대 민주화, 2000년대 세계화의 비전이 있었고, 각 시대마다 비전 성취를 위한 맞춤 전략이 있었기에 지금의 대한민국이 될 수 있었습니다. 반세기 만에 일궈낸 자랑스러운 역사에 대한 자부심의 기반 위에, 다음 반세기를 향한 국가 비전을 세우고, 그 비전을 효율적으로 성취할 수 있는 전략을 모색하기 위해 지혜를 모아야 할 때입니다.

다음 반세기를 향해 품어야 할 우리나라의 새 비전으로 '초일류 대한민국'을 제시합니다. 초일류 대한민국은 인류가 앞으로 나아갈 혁신의 길을 제시하고 선도하며 세계의 번영에 기여하는 국가입니다. 반세기 만에 최빈국에서 선진국으로 도약한 우리의 저력을 감안하면, 다음 반세기에 능히 성취할 수 있는 비전이라고 생각합니다.

지금 인류사회에는, 세계경제포럼WEF 회장 클라우스 슈밥Klaus Schwab의 통찰처럼, 4차 산업혁명의 쓰나미가 밀려오고 있습니다. 더욱이 코로나19로 인해 그 쓰나미는 더 빠른 속도로 밀려들어, 인류는 가히 전대미문의 대변혁 시대를 맞이하고 있습니다.

최근 미국과 중국, 한국과 일본의 무역분쟁, 그리고 코로나19 백신 확보 경쟁에서 목도했듯이, 쓰나미의 실체는 기술패권입니다. 이처럼 다가오는 미래는 한마디로 '기술패권주의 시대'라고 말할 수 있습니다. 기술패권주의 시대의 국력은 산업 경쟁력에 달려 있고, 산업 경쟁력은 기술력에 좌우되며, 기술력은 기초과학에 기반합니다.

그러므로 향후 반세기 안에 우리나라가 명실공히 초일류 대한민국이라는 비전을 성취하기 위해서는 무엇보다도 과학기술의 저력을 키워야 합니다. 이를 위해서는 지금까지의 '빠른 추격자'

전략에서 벗어나 '글로벌 선도자' 전략으로 탈바꿈해야 하는데, 그러려면 과학기술 전반의 혁신이 필요합니다.

이 책에서는 초일류 대한민국이라는 비전을 성취하기 위한 과학기술 혁신과 글로벌 선도자 전략을 중점적으로 다뤘습니다. 1장에서는 '한강의 기적'의 동인을 살펴보고, 특히 과학기술의 역할을 조명했습니다. 2장에서는 다가오는 미래가 기술패권주의 시대임을 규명하고, 우리나라가 기술패권의 쓰나미를 극복할 수 있을지 살펴보았습니다. 3장에서는 4차 산업혁명의 특징인 초연결·초지능·초융합의 메가트렌드를 설명하면서 코로나19가 이 메가트렌드를 가속화하고 있음을 확인했습니다. 나아가 우리나라가 4차 산업혁명에 성공하기 위해 취해야 할 K-방정식을 제시했습니다.

4장에서는 과학기술 강국이 되기 위한 '과학기술 혁신 10대 국가 어젠다'로 글로벌 초일류 연구개발, 긴 호흡의 기초과학 지원, 기술 기반 글로벌 스타트업 육성, 산·학·연 협업 생태계 구축, 과학기술·의료계 협업, 글로벌 협업, 인공지능Artificial Intelligence,AI 인재 양성, 거버넌스 선진화, 인류 안전을 위한 연구, 글로벌 가치 창출 인재 양성을 제시하고 정책 방안을 논의했습니다.

5장에서는 차세대 '먹거리 산업'으로 육성해야 할 5대 중점 산업으로 바이오헬스, 시스템 반도체, 디지털 데이터, 이차전지, 첨단소재 산업을 제시했습니다. 마지막으로 6장에서는 과학과 정치가 긴밀한 협력으로 함께해야 초일류 대한민국이라는 비전을 효과적으로 달성할 수 있음을 강조했습니다.

과학기술로 열어가는 초일류 대한민국을 염원하는 독자들을 위해 그동안 국내외에서 행한 강연과 정책 자문을 토대로 이 책을 집필했습니다. 저술 과정에서 직간접적으로 도움을 준 과학기술계 여러분께 각별한 감사를 전합니다.

2021년 12월

혜슬慧瑟 신성철

대한민국
과학기술
미래전략

1

불가능에서 가능으로

반세기 만에 이룬
한강의 기적

한국전쟁의 영웅 더글러스 맥아더Douglas MacArthur 장군은 종전 직후 "한국이 1세기 안에 재건되기는 불가능하다"고 말했다. 당시 한국의 재건을 바라는 것은, 한 외국 종군기자의 표현처럼 "쓰레기통에서 장미가 피기를 기대하는 것"과 같았다. 1961년에 발간된 〈일본 정부 보고서〉는 "한국 경제는 인구 과잉, 자원 부족, 공업 미발달, 군비 압력, 졸렬한 정치 등의 문제점을 안고 있어 절망적"이라고 분석했다.

그러나 이런 예측들을 비웃기라도 하듯, 대한민국은 지난 반세기 동안 고속 성장을 거듭하며 '한강의 기적'이라는 자랑스러운 역사를 만들어냈다. 한국전쟁으로 잿더미만 남아 있던 1962년 국민소득 87달러의 세계 최빈국에서, 60년대 산업화, 80년대 민주화, 90년대 정보화, 그리고 2000년대 세계화를 이뤘다. 이 기간에 독립한 전 세계 104개국 중 산업화, 민주화, 정보화, 세계화를 모두 이룬 지구상의 유일무이한 국가다.

특히 압축 경제성장으로 1962년 대비 국민소득은 360배, 국내총생산GDP은 700배 증가했다. 같은 기간 세계 GDP가 약 10배 증가했으니 70배 빠른 성장을 한 것이다. 그리고 수출액은 무려 1만 배나 증가했다.

반세기 전 한국은 국가 예산의 25퍼센트가 외국 원조금이었다. 원조가 없으면 살 수 없었던 나라가 2010년 당당히 OECD 개발원조위원회 가입국이 되었다. 제2차 세계대전 이후 원조 수혜국에서 공여국으로 탈바꿈한 나라는 세계에서 단 하나, 대한민국뿐이다.

나아가 2019년 세계에서 일곱 번째로 국민소득 3만 달러에 인구 5천만 명 이상인 나라들을 지칭하는 '30-50클럽'의 일원이 되었다. 앞서 가입한 6개의 나라는 일본, 미국, 독일, 영국, 프랑스, 이탈리아로 제2차 세계대전을 주도한 국가들이다. 그런 강국들과 어깨를 나란히 하게 된 것이다.

이렇게 대한민국은 불과 50여 년 전 세계 최빈국에서 개발도상국을 넘어 이제 경제 규모 10위 국가로 도약했다. 유엔무역개발회의UNCTAD는 우리나라의 이런 놀라운 발전을 인정해 2021년 한국의 위상을 선진국으로 격상하는 안을 만장일치로 의결했다. 1964년 UNCTAD가 창설된 이래 처음 있는 일이었다.

경제적 성장뿐 아니라 과학기술의 발전도 놀랍다. 비근한 예

구분	1962년	2019년	성장률
GDP	23억 달러	16,295억 달러 (세계 12위)	708배
수출액	5,481만 달러	5,481억 달러 (세계 8위)	9,885배
국민소득	87달러	31,681달러 (세계 22위)	364배
SCI급 논문	0편 (1977년 34편)	69,618편 (세계 12위)	2,048배 (1977년 대비)
미국 특허	0건 (1984년 30건)	24,646건 (세계 3위)	822배 (1984년 대비)

로, 국내 과학자들이 발표한 SCI Science Citation Index('과학기술 논문 인용 지수'로, 논문의 질적 수준을 판단하는 지표로 자주 활용된다. SCI급 논문은 질적인 면에서 국제적으로 인정받는 논문이라고 할 수 있다)급 논문의 수는 1977년 34편에 불과했지만, 2019년에는 69,618편으로 증가했다. 이는 세계 총 논문 수의 2.45퍼센트를 점유한 수치로 대한민국은 SCI급 논문 보유 수 세계 12위 국가가 되었다. 세계 총 GDP의 2퍼센트로 12위에 자리하고 있으니, 우리나라의 과학적 위상도 경제 수준에 걸맞게 발전한 것이다. 특히 특허의 양적 성장은 괄목할 만하다. 미국 특허의 경우 1984년에 대한민국에서 30건을 등록했으나, 2019년에는 24,600여 건을 등록해 미국 특허 3대 강국으로 자리매김했다.

우리나라가 이룬 압축 경제성장과 과학기술 발전은 취약국가들의 롤 모델이 되고 있다. 베트남, 필리핀, 태국 등 동남아시아 국가뿐 아니라, 파키스탄, 사우디아라비아, 이집트 등 이슬람권 국가들도 한국을 벤치마킹하고 있다. 이들은 반세기 전 한국을 도와주었거나 우리가 벤치마킹한 나라들이다. 그러나 지금은 한국의 도움을 요청하고 있다.

주한 파키스탄 대사는 한국의 성공 스토리를 자국의 공무원들에게 들려달라며 강연을 요청하기도 했다. 필자의 연구실에도 2명의 파키스탄 학생이 국비 장학생으로 파견되어 박사학위 연구를 했다.

주한 이집트 대사는 1960년대에 한국의 발전을 위해 이집트 전문가들이 자문해주었다는 이야기를 들려주었다. 하지만 지금은 이집트가 한국의 도움을 청하고 있다. 반세기 만에 돕는 자와 도움받는 자의 위치가 바뀐 셈이다. 한국의 압축 성장은 이렇게 짧은 시간에 국제사회에서 대한민국의 위상을 완전히 바꿔놓았다.

필자가 우리나라의 위상 변화를 처음으로 체감한 것은 10여 년 전 이슬람세계과학한림원Islamic World Academic of Science 초청으로 터키 앙카라에서 기조 강연을 했을 때다. 이 단체는 30개 이슬람 국가의 대표적인 학자 100명으로 구성되어 있다. 정회원이 100명으로 한정되어 있고 종신제이기 때문에 기존 회원이 사망해야 신규 회원을 영입한다. 그래서 이슬람권 과학자들은 이 단체의 회원이 되는 것을 선망하고 매우 자랑스럽게 여긴다. 회원들은 거의 70세 이상으로, 당시 97세의 요르단 학자도 있었다. 이들이 1960~70년대에 한국의 과학기술과 국가 정책에 대해 자문을 해주었던 것이다. 그런데 반세기가 지나 도리어 한국의 과학자인 필자를 초청해 국가 발전 전략 강연을 듣고 있었다.

강연 후 한 파키스탄 학자는 "1962년 시작한 한국의 경제개발

5개년계획은 파키스탄 모델을 벤치마킹한 것이었다. 파키스탄 재무장관을 지낸 마붑 울 하크Mahbub ul Haq 박사에게 60년대 한국 경제개발 5개년계획 수립을 자문해 한국은 성공했지만, 정작 우리나라는 성공하지 못했다"고 안타까워했다.

정말 반세기 만에 세상이 바뀐 것을 피부로 느끼면서 자국에 대한 무한한 자부심을 갖게 되었다. 그러나 곧이어 "반세기 후에는 다시 역사가 반전될 수도 있다"는 위기감이 밀려왔다. 반세기는 한 나라의 흥망성쇠가 일어나기에 충분한 시간이다. 일례로 아르헨티나는 1950년대에 세계 경제 5위 국가였지만, 2000년대에는 국가 모라토리엄을 선언했다.

한강의 기적의
동인

"한강의 기적의 동인動因은 무엇인가?"

한국의 놀라운 성장에 관심이 있는 외국 학자나 한국을 벤치마킹하려는 취약국가 인사들로부터 자주 받는 질문이다. 필자는 다음과 같은 동인이 있다고 대답한다.

첫째, 정치·산업·경제 등 각 분야에서 역사의 지평선 너머를 보는 혜안을 가진 리더들이 있었다. 1962년 시작해 7차례에 걸쳐 진행된 경제개발 5개년계획은 앞날을 예측하고 뚝심 있게 밀어붙인 각 분야 리더들이 없었다면 불가능했다. 오늘날 반도체, 자동차, 철강 산업 등이 세계적인 경쟁력을 갖게 된 것도 40여 년 앞을 내다본 산업 리더들이 있었기 때문이다.

둘째, 가난을 극복하려는 헝그리 정신이 우리나라 국민에게 있었다. 특별히 새마을운동이 우리에게 이 헝그리 정신을 키워주었다.

셋째, 우리 민족의 민첩한 근면성이다. 이로 인해 선진국을 빠르게 모방하고 추격할 수 있었다. 취약국가의 주한 대사들이 자국민과 비교해 한국인의 특징으로 한결같이 언급하는 점이 바로 이 근면성이다.

넷째, 높은 교육열이다. 자녀의 교육을 위해 '기러기 아빠'를 마다하지 않는 등, 부모가 기꺼이 희생해 자녀를 교육시키는 민족은 전 세계에 우리밖에 없다.

다섯째, 위기 상황에 대처하는 우리나라 사람들의 자발적 응집력이다. 외환위기 때 금모으기운동, 월드컵 응원, 코로나19 위기 상황에서 우리나라 국민이 보여준 자발적 응집력에 대해 외국인들은 놀라움을 금치 못한다.

마지막으로 가장 중요한 동인이 있었으니, 바로 과학기술 기반의 국가 발전 계획과 전략이다. 1962년 1차 경제개발 5개년 계획과 함께 '기술 원조 탈피를 위한 기술진흥계획'을 수립했다. 이어 1967년 과학기술 입국을 목표로 과학기술진흥법이 제정되었고, 과학기술 행정 주무부서인 과학기술처가 설립되었다. 1970년대에는 기술 자립 기반 조성을 위해 분야별 정부 출연 연구소가 설립되었고, 이 연구소들이 모여 있는 대덕연구단지가 조성되었다. 그리고 1971년 한국과학기술원KAIST을 설립해, 우수한 인재의 해외 유출을 막고 산업화에 절실한 고급 과학기술 인력을 양성했다.[1]

1980년대에는 정부 주도로 기술 드라이브 정책을 본격적으로

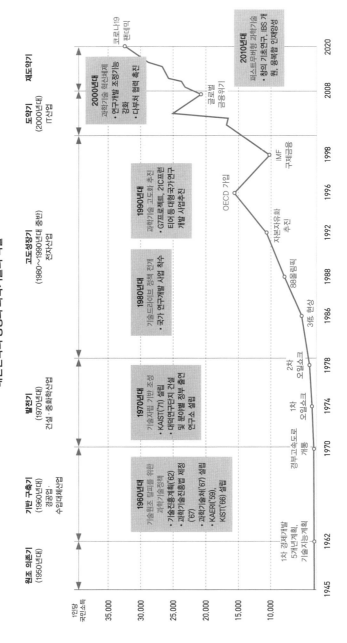

■ 대한민국의 성장과 과학기술의 역할 ■

원조 의존기 (1950년대)

기반 구축기 (1960년대)
경공업·
수입대체산업

발전기 (1970년대)
건설·중화학산업

고도성장기 (1980~1990년대 중반)
전자산업

도약기 (2000년대) IT산업

재도약기

1인당
국민소득

35,000

30,000

25,000

20,000

15,000

10,000

1960년대
기술입조 불패를 위한 과학기술정책
・기술진흥계획(62)
・과학기술진흥법 제정 (67)
・과학기술처('67) 설립
・KAERI('59),
KIST('66) 설립

1970년대
기술자립 기반 조성
・KAIST(기) 설립
・대덕연구단지 건설 및 분야별 정부 출연 연구소 설립

1980년대
기술드라이브 정책 전개
・국가 연구개발 사업 착수

1990년대
과학기술 고도화 추진
・G7프로젝트, 21C프런티어 등 대형국가연구 개발 사업추진

2000년대
과학기술 혁신체제 강화
・연구개발 조정기능 강화
・다부처 협력 촉진

2010년대
퍼스트무버형 과학기술
・창의 기초연구, IBS 개원, 융복합 인재양성

1차 경제개발
5개년계획,
기술지능계획

정부고속도로
개통

1차
오일쇼크

2차
오일쇼크

3低 현상

88올림픽

자본자유화
추진

OECD 가입

IMF
구제금융

글로벌
금융위기

코로나19
팬데믹

1945 1962 1970 1974 1978 1986 1988 1992 1996 1998 2008 2020

전개했다. 90년대에는 G7 프로젝트, 21세기 프런티어 프로젝트 등 대형 국가 연구개발 사업을 수행하면서 과학기술 고도화를 추진했다. 2000년대 들어서는 '퍼스트무버형' 과학기술을 지향하면서 창의적 기초 연구 사업을 강화하고, 2011년 기초과학연구원IBS을 설립했다.

이와 같은 시대별 과학기술 정책은 우리나라가 1960년대 경공업, 70년대 건설 및 중화학공업, 80~90년대 기계 및 전자 산업, 2000년대에는 IT산업을 일으키는 데 중요한 기반이 되었다.

국가의 미래 성장엔진, 과학기술

———○ 대한민국은 전 세계 인구의 0.6퍼센트, 전세계 면적의 0.07퍼센트에 불과한 작은 나라이고 부존자원도 척박하다. 그렇다면 우리는 무엇으로 지속적인 발전을 거듭해 21세기 초일류 국가로 도약할 수 있을까?

1970~80년대 우리나라의 경쟁력은 저렴하고 성실한 노동력이었다. 그러나 현재 전 세계 인구의 18퍼센트에 달하는, 14억 4천만 명이라는 엄청난 인구를 가진 중국의 인건비는 우리의 10분의 1 수준이다. 게다가 중국의 경제활동 인구는 전 세계의 4분의 1을 차지하고 있다. 저가 제품은 이미 경쟁력을 상실한 상황에서, 이런 인건비 차이가 20~30년간 지속될 것이라는 전망은 향후 우리나라의 발전에 큰 위협이 아닐 수 없다.

호주와 캐나다의 인구는 우리나라 인구의 절반 정도지만, 국토는 40배 이상이다. 한국은 또 세계 10대 에너지 소비국이지만 기름 한 방울 나지 않아, 쿠웨이트나 사우디아라비아 같은 산유국에 전적으로 의존하고 있다. 이탈리아는 로마의 찬란한 문화유적 관광 수입으로 향후 50년은 먹고살 수 있다고 한다. 스페인은 중세 문화유적을 보러 오는 관광객이 1년에 6천만 명으로 자국 인구의 1.5배에 달한다. 우리에게는 외국 관광객을 대거 유치해 세계적인 규모의 수익을 창출하는 문화유산도 없다.

대한민국 정부는 한때 경제 선진국 진입을 위해 물류·금융 중심의 동북아 허브 구축을 21세기 국가 생존 전략으로 제시하면서 인천, 부산, 광양 등에 경제특구를 계획했다. 그러나 물류·금융 중심의 비즈니스 허브만으로는 이웃 홍콩이나 싱가포르에 비해 경쟁력이 없다. 컨테이너 물동량이 이들 국가의 3분의 1밖에 안 되고, 외국인에게 제공되는 비즈니스 환경도 매우 뒤처져 있다.

그렇다면 우리는 어떤 성장엔진을 장착해야 할까? 우리나라의 경제성장 기여도 변화에서 그 해답을 찾을 수 있다. 1970년대 경제성장에서 노동·자본의 기여도는 55퍼센트였던 데 비해 기술의 기여도는 13퍼센트에 불과했다. 그러나 1990년대 후반 노동·자본의 기여도는 37퍼센트로 줄어든 반면, 기술의 기여도는 55퍼센트로 대폭 증가했다. 경제성장에 대한 기술의 기여도가 점점 커지고 있는 것이다. 즉, 우리나라 경제가 노동집약 경제에서 벗어나 지식 기반 경제Knowledge-based Economy로 진입한 것이다.

이런 국가 경제성장의 추이를 직시할 때, 우리나라가 국민소득 3만 달러 시대를 훌쩍 뛰어넘어 초일류 국가로 도약하기 위해서는, 지금까지의 노동집약형 산업구조에서 탈피해 기술 혁신 산업Technology-Innovation Industry 구조로 전환해야 한다. 첨단기술 혁신으로 상품의 고부가가치를 창출하기 위해서는 과학기술의 선진화를 통한 성장엔진을 추구하는 방법 외에는 다른 대안이 없다.

하버드대학교의 리처드 로즈크랜스Richard Rosecrance 교수는 각 나라를 생존 방법에 따라 2가지 종류로 분류한다.[2] 노동력 기반의 '육체국가Body Nation'와 지식 기반의 '두뇌국가Brain Nation'다. 전자는 저렴한 노동력에 의존한 제조업으로 살아가는 나라이고, 후자는 지식에 의존한 연구개발로 살아가는 나라다. 현재 우리나라의 높은 인건비, 척박한 부존자원 등 여러 여건을 고려할 때 대한민국은 과학기술 기반의 두뇌국가로 살아갈 수밖에 없다.

대한민국
과학기술
미래전략

2

다가오는 미래

우리나라는 지난 반세기 동안 산업화 추격 전략으로 한강의 기적을 이루며 선진국 위상에 막 진입했다. 선진국 문턱에 주저앉아 여기서 성장을 멈출 것인가, 아니면 또 다른 한강의 기적을 이뤄 명실공히 초일류 선도국으로 도약할 것인가? 우리는 지금 그 기로에 서 있다. 향후 반세기를 내다보며 새로운 패러다임의 국가 발전 전략을 수립할 때다. 이를 위해서는 무엇보다 다가오는 미래에 대한 정확한 인식이 필요하다.

4차 산업혁명 시대의 도래

우리에게 어떤 미래가 다가오고 있는가? 경영학 구루 피터 드러커Peter Drucker는 "미래에 대해 우리가 아는 유일한 사실은, 미래는 아주 다를 것이라는 것이다"라고 했다. 모호하고 추상적인 표현이지만, 21세기 미래의 대변화를 명확하게 예고하고 있다.

현생 인류 호모사피엔스가 네안데르탈인을 비롯한 다른 인류 종들을 전멸시키며 지구를 지배하기 시작한 것이 약 3만 년 전의 일이다. 수렵생활을 하다 농업혁명을 일으키며 정착해 농경생활을 시작한 것은 1만 2천여 년 전이었다.[3]

농경시대의 대부분을 미개하게 살아온 인류가 문명생활을 제대로 실현한 것은 불과 250여 년 전 시작된 3차례에 걸친 산업혁명에 기인한다. 인류는 이 기간 동안 역사의 궤도를 바꿔놓은 엄청난 문명의 발전을 향유했다.[4] 그러나 향후 50년, 인류는 지난 250년간의 변화에 버금가는 과학기술의 혁명적 발전과 경이로운 문명의 변화를 목격하게 될 것이다.

이런 혁명적 변화의 미래를 한 단어로 표현한 사람이 바로 세계경제포럼 회장 클라우스 슈밥이다. 그는 2016년 스위스 다보스포럼에서 다가오는 미래를 '4차 산업혁명 시대'로 규정하면서, "4차 산업혁명의 폭과 깊이와 속도는 역사상 전대미문의 쓰나미처럼 밀려올 것이다"라고 예고했다.[5]

앞선 3차례의 산업혁명은 인류사회에 미친 커다란 영향을 목격한 역사가들이 후에 명명했다. 1차와 2차 산업혁명은 아널드 토인비Arnold Toynbee가,[6] 3차 산업혁명은 제레미 리프킨Jeremy Rifkin이 명명했다.[7] 그러나 4차 산업혁명은 미래의 인류사회에 미칠 혁명적 영향을 미리 예측한 클라우스 슈밥의 통찰력에서 나온 개념이다.

개인적으로 슈밥 회장과 수차례에 걸쳐 대화를 나누면서 느낀 점은 그가 미래를 내다보는 통찰력이 정말 뛰어나다는 것이었다. 세계경제포럼이 지리적으로나 기후적으로 매우 불편한 다보스에서 열림에도 불구하고, 매년 3천여 명의 정치·경제·산업·과학기술·교육 등 여러 분야의 전 세계 리더들이 모이는 이유도 미래의 변화를 꿰뚫어보는 슈밥 회장의 통찰력 때문이라고 생각한다.

지난 250여 년간 진행된 3차례의 산업혁명 시기마다 각 혁명을 촉발한 새로운 과학기술의 발명 및 발견이 있었고, 이로 인해 새로운 산업이 등장해 인류사회에 큰 영향을 미쳤다.

18세기 중반에 시작된 1차 산업혁명은 제임스 와트James Watt가 발명한 새로운 방식의 증기기관 기술에 기반을 두었다. 이 기술을 활용한 철도와 기계 산업의 등장으로 인류사회에 기계화혁명이 일어났다.

19세기 후반 진행된 2차 산업혁명은 마이클 패러데이Michael Faraday가 발견한 전자기 유도 법칙을 기반으로 전기가 발명되면서, 화학·정유 및 통신 산업이 일어나 대량생산혁명을 불러왔다.

20세기 중반의 3차 산업혁명은 반도체 발견과 이를 이용해 미국 벨연구소의 윌리엄 쇼클리William Shockley, 월터 브래튼Walter Brattain, 존 바딘John Bardeen이 발명한 트랜지스터로 촉발되었다. 이것이 컴퓨터와 인터넷 등 정보통신 산업의 발전을 견인하면서 디지털혁명을 일으켰다.

21세기 인류가 맞닥뜨린 4차 산업혁명은 인공지능, 빅데이터Big Data, 클라우드 컴퓨팅Cloud Computing 등 일명 'ABC'가 촉발하고 있다. 이런 기술을 바탕으로 자율주행차, AI로봇, 드론, 사물인터넷IoT, 전자상거래E-commerce 등이 핵심 산업이 될 것이며, 향후 인류사회에는 '스마트 신세계Smart New World'가 도래할 것으로 예측된다.

과학기술이 18~20세기 산업사회 발전의 근간이었듯이, 21세기에도 미래 사회 발전과 변화에 결정적 수단이 될 것임은 자명하다. 정보통신기술ICT의 가속적 발전은 지식 기반 사회를 구축하고, 궁극적으로 지구촌 누구나 시공을 초월해 정보에 접근할

■ 각 산업혁명 시기에 따른 촉발 요인 및 주요산업 ■

	1750-1830년	1870-1900년	1960-현재	21세기
	1차 산업혁명	2차 산업혁명	3차 산업혁명	4차 산업혁명
촉발 요인	증기기관	전기	반도체	AI, Big Data, Cloud
주요 산업	철도, 기계	화학, 정유, 통신	컴퓨터, 인터넷, 휴대전화	AI로봇, IoT, 드론, 자율주행차, CPS
인류사회 영향	기계화혁명	대량생산혁명	디지털혁명	스마트 신세계

수 있는 유비쿼터스Ubiquitous 사회가 현실이 되게 할 것이다. 국가 간의 자본·인력·물류·정보·과학기술의 교류가 증가하면서 세계 시장의 단일체제화가 진전되고, 범세계화와 지구촌화가 급속히 이루어지면서 기업 간, 국가 간 무한경쟁 시대에 돌입할 것이다. 이로 인해 FTA 시대가 더욱 가속화될 것으로 보인다.

따라서 수출 의존도가 높은 나라가 큰 영향을 받게 된다. 수출로 먹고사는 우리나라에는 위기일 수도, (잘 대응하면) 기회일 수도 있다. 사실 여러 가지 위기 요인이 잠재해 있다. GDP 대비 수출액이 2019년 기준 33퍼센트로 미국(8%), 일본(14%), 영국(17%), 프랑스(21%) 등 선진국에 비해 매우 높다. 그리고 반도체, 자동차, 석유제품, 자동차부품, 디스플레이 등 5개 품목이 총 수출액의 41퍼센트일 정도로 일정 품목에 편중되어 있다. 또한 무역흑자가 중국, 홍콩, 베트남 등 몇 나라에 지나치게 치우쳐 있다. 이런 위기 요인들을 기회 요인으로 반전하는 유일한 방법은 기술의 선진화다. 기술 우위의 제품이 시장을 독점하기 때문이다.

한편, 사회문화적 측면에서는 아날로그 문화와 가치관이 사라지고 디지털 문화와 가치관이 인류를 지배하게 될 것이다. 21세기 4차 산업혁명 시대 과학기술의 가속적 발전은 인류에게 엄청난 문명의 발전과 물질적 번영을 가져다줄 뿐 아니라 과학기술이 경제·국방·사회·문화 등 모든 분야의 중심이 되도록 사회를 견인할 것이다.

4차 산업혁명은 대한민국에 도전이자 기회다. 우리나라는 1차, 2차, 3차 산업혁명이 선도국에 비해 50년 내지 100년여 늦게 시작되었다. 그럼에도 빠른 추격자 전략을 통해 짧은 기간 내에 성공적으로 따라잡을 수 있었다. 인류가 아직 경험하지 못한 4차 산업혁명은 그동안 추격자 전략에 익숙해진 우리에게 큰 도전일 수밖에 없다.

그러나 우리나라뿐 아니라 전 세계 국가들이 공통으로 맞닥뜨린 도전이기에 새로운 기회가 될 수 있다. 대한민국 특유의 과학기술 기반 혁신 전략을 마련해 발 빠르게 수행한다면, 4차 산업혁명은 우리가 초일류 선도국으로 도약할 수 있는 더할 나위 없이 좋은 기회가 될 것이다. 슈밥 회장도 자신이 개념적으로 통찰한 4차 산업혁명을 실현해갈 선도 국가 중 하나로 한국을 꼽으면서 특별한 기대를 표명했다. 그는 2017년 11월, '4차 산업혁명 특별시'를 지향하는 대전시에 축하의 메시지를 보내주기도 했다. "대전시는 세계경제포럼과 함께 대한민국을 위한 4차 산업혁명 시대 선도 도시로 변화하고 성장할 것이다Dajeon will transform and grow into a leading city in the Fourth Industrial Revolution for the Republic of Korea with the World Economic Forum."

쓰나미의 실체, 기술패권

슈밥 회장이 말한 '4차 산업혁명 쓰나미'의 실체는 무엇인가? 필자는 그와 여러 차례 대화를 나누면서도 이에 대해 확실히 이해할 수 없었다. 하지만 최근 국가 간의 테크 전쟁Tech War을 목도하면서, 쓰나미의 실체는 기술패권이라는 생각을 하게 되었다. 이런 점을 극명하게 보여준 사례가 지난 2019년 일본의 수출규제로 격화된 한·일 무역 분쟁이다.

2019년 7월 일본은 반도체와 디스플레이 제조 핵심 소재인 플루오린 폴리이미드, 포토레지스트, 고순도 불화수소에 대해 대對한국 수출규제를 전격적으로 단행했다. 이어 8월에는 대한민국을 백색국가White List에서 제외했다. 이 조치로 1,200여 개의 품목이 수출규제의 영향을 받게 되었다. 소재, 부품, 장비 분야의 기술이 취약한 한국으로서는 국가 차원의 대혼란에 직면할 수밖에 없었다.

현재 진행 중인 미국과 중국의 치열한 무역전쟁의 본질도 반도체, 5G, 스마트폰 등 첨단기술의 패권 다툼이다. 결국 기술패권을 갖는 나라가 무역전쟁의 최종 승자가 될 것이다. 4차 산업혁명 시대에는 기술패권의 쓰나미를 견디지 못하는 국가, 기업, 조직은 쇠퇴할 수밖에 없다.

4차 산업혁명의 큰 특징은 '승자독식Winner takes it all'이라는 것이다. 다행히도 D램 반도체의 경우 우리나라 기업들이 세계적인 경쟁력을 갖추고 있다. 삼성전자와 SK하이닉스 두 기업의 세계 시장 점유율이 71퍼센트에 달한다. 그러나 시스템 반도체를 주문·생산하는 파운드리Foundry의 경우 타이완의 TSMC가 세계 시장의 51퍼센트를 점유하고 있고, 드론은 중국의 DJI가 74퍼센트를 차지하고 있다. 결론적으로 4차 산업혁명 시대는 각 분야에서 1등 또는 2등의 기술이 아니면 생존할 수 없는 '승자독식'의 시대인 것이다.

4차 산업혁명의 또 다른 특징은 '글로벌 공급사슬' 제조 생태계다. 기업의 경쟁력 측면에서는 한 회사가 완제품 제조에 필요한 모든 부품을 독자적으로 생산하는 방식보다는, 글로벌 공급사슬을 활용해 전 세계 여러 기업으로부터 다양한 부품을 적시에 공급받는 전략이 더 효율적이다. 현재 전 세계 생산의 25퍼센트가 글로벌 공급사슬망에 연결되어 있는 것으로 알려져 있다.

한 예로, 애플 아이폰의 경우 카메라 렌즈는 타이완에서, 디스플레이는 일본에서, 마이크로프로세서는 한국에서 조달받고 있다. 따라서 우리나라 제조 기업들이 국제적인 경쟁력을 갖춘 부품을 개발해 글로벌 공급사슬 생태계 내에서 생산·공급할 수 있다면, 4차 산업혁명 시대에 생존할 수 있다.

기술패권 쓰나미 극복 가능성

20세기 전반까지 세계는 무력 주도의 군사패권 시대였고, 20세기 후반까지는 외교통상패권 시대였다면, 21세기는 4차 산업혁명에 의한 과학기술패권 시대를 예고하고 있다. 과학기술패권 시대의 도래는 국가의 경제발전뿐만 아니라 국방·안보, 외교·통상, 복리후생 등 한 나라의 생존과 번영 및 안전과 복지가 모두 과학기술에 달려 있다는 것을 의미한다.

2021년 5월 문재인 대통령이 미국 존 바이든 대통령과 단독 회담을 통해 백신 공급, 남북관계 협조 등 외교·통상 협상을 할 수 있었던 것은 우리나라가 반도체, 배터리 등의 산업기술력을 보유하고 있기 때문이었다. 또한 코로나19 팬데믹 위기 상황을 겪으면서 감염병 예방과 진단 및 치료를 위한 바이오의료 기술 없이는 국민의 생명을 지킬 수 없음을 생생히 체험하고 있다.

그렇다면 대한민국은 과연 4차 산업혁명 시대, 기술패권의 쓰나미를 극복할 수 있을까? 이 질문에 대해 우리가 희망과 기대 섞인 답변을 할 수 있는 충분한 이유가 있다.

첫째, 우리 민족은 '위기 극복의 DNA'를 갖고 있다. 남들이 '불가능하다Impossible'고 이야기할 때 우리는 '가능하다I'm possible'고 말하며 의지를 다지는 민족이다. 첨단 산업 분야에서 이를 뒷받침하는 몇 가지 역사적인 사례가 있다.

1974년 우리나라가 반도체 산업을 처음 시작했을 때, 이 소식을 접한 일본 모 전자회사 회장은 "후진국에서 겁도 없이 무슨 첨단 반도체 산업을 하는가?"라고 폄하했다. 그러나 현재 우리나라는 세계 메모리 반도체 시장의 3분의 2를 점유하고 있다. 한국 반도체 생산 기업들에 대응하기 위해 NEC, 히타치, 미쓰비시가 합작해 만든 일본 회사 엘피다는 법정관리에 들어갔고 결국 미국의 메모리 반도체 생산 기업 마이크론 테크놀로지에 인수되었다.

현대자동차의 엑셀이 미국에 처음 수출된 1986년, 당시 미국 언론은 "일회용 차, 붙어 있는 것은 다 떨어지는 차"라면서, 현대의 영문 표기(HYUNDAI)를 이용해 "운전이 가능하면서 싼 것은 없다는 것을 이해해달라Hope You Understand Nothing's Drivable And Inexpensive"고 조롱했다. 하지만 현대자동차는 현재 세계 자동차 시장 점유율 5위 기업으로 성장했으며, 미국을 제외한 전 세계 시장에서 일본 도요타의 판매량을 능가하고 있다.

우리나라가 유기발광다이오드OLED 디스플레이 시장에 진출한 2000년 당시 일본 디스플레이 업계는 "OLED 상용화는 물구나무를 서서 후지산을 오르는 것과 같다"며 시장 진출을 포기했다. 그런데 지금 대한민국은 세계 디스플레이 시장의 43퍼센트를 점유하고 있고, 국내 두 기업이 OLED 세계 시장의 76퍼센트를 감당하고 있다.

둘째, 우리나라가 'ICT 및 인프라 최강국'이라는 것이다. 대한민국은 ICT 세계 시장 점유율 1, 2위를 기록하고 있고, 세계에서 가장 빠른 인터넷 속도를 갖췄으며, 세계 최고의 모바일 사용자 비율을 자랑한다.

이런 강점들을 필자가 직접 피부로 느낀 순간이 있었다. 바로 미국 라스베이거스에서 개최된 '2020 국제전자제품박람회International Consumer Electronics Show, CES'에서였다. 관람객들이 우리나라 대기업들의 제품을 보기 위해 인산인해를 이루는 장면을 지켜보면서 우리나라가 얼마나 많은 발전을 했는지 여실히 느낄 수 있었다. 20여 년 전에는 소니, 파나소닉, 마쓰시다 등 일본 전자회사의 위세에 눌려 상상도 할 수 없던 장면이었다. CES는 첨단 과학기술의 현주소를 파악하고, 우리나라 기업들의 세계적인 기술 경쟁력과 ICT 최강국인 대한민국의 위상에 대해 자긍심을 느낄 수 있는 매우 의미 있는 기회였다.

셋째, 세계적인 '미래 생산 제조업 경쟁력'을 보유하고 있기 때문이다. 글로벌 컨설팅 회사 딜로이트가 발표한 '2016년 대한민국 제조업 경쟁력 지수'는 세계 5위다. 세계경제포럼도 〈2018년 국가별 제조업의 미래 준비 상황 보고서〉에서 세계 25개국을 분

■ 미래 생산 제조업 경쟁력 ■

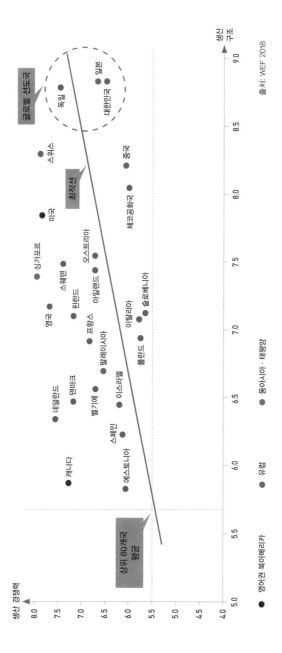

출처: WEF 2018

석한 결과, 미래 생산 경쟁력을 갖춘 대표적인 국가로 독일, 일본과 함께 한국을 선정했다. 코로나19 팬데믹으로 전 세계에서 한국산 진단키트 주문이 쇄도했는데, 해당 기업들이 이런 요청을 감당할 수 있었던 것은 세계적인 경쟁력을 갖춘 제조업의 뒷받침이 있었기 때문이다.

3

4차 산업혁명 메가트렌드

초연결

인류사회에 쓰나미처럼 밀려오는 4차 산업혁명의 메가트렌드는 무엇인가? 초연결, 초지능, 초융합으로 요약할 수 있다.

1980년에는 전 세계 인구의 0.0003퍼센트만이 이동전화기를 사용했으나 지금은 약 70퍼센트인 50억여 명이 스마트폰을 사용한다. 80년 초에 개발된 인터넷은 현재 전 세계 인구의 50퍼센트가 사용하고 있다. 세계 인류의 반 이상이 모바일 디바이스로 연결되어 있는 것이다. 우리나라는 2018년에 이미 1인 1스마트폰 시대에 접어들었고, 10~30대의 경우 인터넷 사용자가 거의 100퍼센트에 이른다. 인구 대비 모바일 디바이스 사용자 비율이 세계에서 가장 높다.

코로나19 위기 상황에서 K-방역이 세계적인 모델로 주목받았다. 거주 지역의 확진자 발생 장소와 인원수를 실시간으로 알려주고, '자가격리자 안전보호앱'을 통해 격리자의 건강 상황 및 동선을 모니터링한다. 세계 최고의 ICT 인프라를 갖춘 1인 1스마트폰 국가이기에 가능한 일이다.

한편, 1990년 초 개발된 IoT는 사용량이 기하급수적으로 증가해, 2020년 기준 약 500억 개가 사용되고 있다. 앞으로 30년 후면 모든 기기가 IoT로 연결될 것으로 예상된다. 이런 추세가 현실화되면 전 세계 모든 인류와 기기가 서로 연결되어 광속도로 정보를 교환하는 '초연결Hyperconnectivity 사회'가 도래할 것이다.

초연결 사회에서는 여러 가지 새로운 사회현상이 나타날 것이다. 우선 전 세계인들이 지식과 정보를 공유하는 집단지성 현상으로, 브리태니커 백과사전을 대체한 위키피디아가 좋은 예다. 브리태니커 백과사전은 소수의 전문가가 작업하기 때문에 개정판이 나오기까지 수년이 걸렸다. 위키피디아는 전 세계 전문가들이 손쉽게 수시로 내용을 수정해나가는 집단지성의 산물이다.

또한 협업의 시대가 도래할 것이다. 크라우드소싱을 통해 전 세계에서 최고의 협력 파트너를 찾아 일을 추진하는 것이다. 예를 들어, 미국의 이노센티브는 국제적 크라우드소싱 기업으로, 전 세계 과학자 집단과 주요 기업을 연결해 각종 연구개발 과제를 해결하는 데 가장 적합한 파트너를 찾을 수 있도록 도와준다.[8]

협업의 시대에는 동료를 경쟁 상대로 보는 것이 아니라, 함께 발전하는 공생 파트너로 인식하는 자세가 성공의 자산이 된다.

이런 면에서 우리나라 공교육의 교육 방식이 현재의 성적 위주 경쟁에서 팀 기반의 협력으로 바뀌어야 한다.

그리고 공유경제가 활성화될 것이다. 택시 공유경제 회사인 미국의 우버나 한국의 카카오택시가 좋은 예다. 택시를 한 대도 소유하지 않은 우버의 기업가치가 포드자동차의 기업가치보다 크다. 숙소 공유경제 회사인 에어비앤비도 있다. 호텔 한 채 소유하지 않은 이 회사의 기업가치가 세계적 체인 호텔 쉐라톤보다 크다. 코로나19 발발로 공유경제가 다소 침체되었으나 코로나 위기가 종식되면 다시 활성화될 것으로 보인다.

마지막으로, 현실세계와 사이버세계가 통합적으로 운영되는 사이버물리계Cyber-Physical System, CPS의 스마트세상이 이루어질 것이다. 즉, 물리적 현실세계에서 일어나는 변화를 감지해, 사이버 가상세계로 전송해서 분석하고, 이를 활용해 현실세계를 조정하는 것이다. 사이버물리계에서는 지상의 모든 이동 차량을 신호등 없이 통합적으로 컨트롤하는 스마트 모빌리티Smart Mobility 세상이 구현될 것이다.

초지능

불과 10여 년 사이에 인공지능이 이렇게 폭발적으로 발전할지는 그 누구도 예측하지 못했다. 1956년 AI 개념이 처음 등장한 후 거의 반세기 동안 AI는 산업계와 학계에서 외면되어 암흑기를 보내야 했다. 그러다 2010년 인간의 학습 방법을 모방한 딥러닝Deep Learning 기술의 등장, 컴퓨터 하드웨어 성능의 향상, 빅데이터 분석의 고도화, 뇌과학 발전 등으로 인해 AI 연구 분야가 폭발적으로 성장했다. 동시에 산업 및 기술 전반에 접목되면서 혁신이 촉발되고 있다.

AI가 인류사회에 큰 충격을 던지며 관심을 끌게 된 계기는 구글Google의 딥마인드DeepMind가 개발한 AI 바둑 프로그램 알파고AlphaGo와 세계적 바둑기사 이세돌 및 커제의 대국이었다. 예상과 달리 알파고가 인간을 상대로 완승을 거두면서, AI가 인간의 지능을 초월하는 수준을 보여준 것이다. 이제 적어도 바둑에서는 인간이 AI를 이길 수 없게 되었다. 이 때문에 인간과 AI의 바둑대회는 사라지고, 바둑 AI 프로그램의 수준을 가늠하기 위한 AI 간의 바둑대회가 개최되고 있다. 인간 바둑기사와 AI가 팀을 이뤄 복식 경기를 치르기도 한다.

기계의 지능화는 AI 활용이 기대되는 대표적인 분야이자 로봇의 발전을 견인하는 핵심 기술 영역이다. AI의 기하급수적 발전에 따라 인간과 AI로봇이 공존하는 시대가 열릴 것이다. 인간과 공존할 AI로봇을 필자는 호모사피엔스에 대비해 로보사피엔스Robosapiens로 칭하고 있다. 2050년쯤 되면 세상은 호모사피엔스 반, 로보사피엔스 반의 공존사회가 될 것으로 예측된다.

아직 로보사피엔스 수준은 아니지만 다양한 목적의 AI로봇이 속속 개발되고 있다. 먼저 대화가 가능한 AI로봇인 챗봇Chatbot을 보자. 이 분야의 대표적 기업인 홍콩의 핸슨로보틱스가 개발하고 있는 챗봇 '소피아Sophia'는 개발 초기의 간단한 대화 수준을 넘어 인간과 상호작용하는 범위를 계속 확대하고 있다. 2019년 우리나라에서 시연을 해 많은 관심을 불러일으키기도 했다.

특정 주제에 관해 인간과 토론을 벌이는 AI 대화 시스템인 IBM의 '프로젝트 디베이터Project Debater'는 인간과 매우 자연스럽게 토론하며 의견을 교환하는 수준에 이르렀다. 예를 들어 지구온난화에 대해 토론할 때, 상대방이 토론의 주도권을 잃고 다급하게 말하면 "당황하지 말고 천천히 이야기하세요" 등의 농담을 건네기도 한다.

스포츠 분야에서도 AI로봇이 빠르게 발전하고 있다. 2016년 PGA 이벤트에서 AI로봇 골퍼는 파3 홀에서 홀인원을 해 인간 골퍼들의 탄성을 자아냈다. 앞으로 AI로봇 골퍼는 지형, 바람, 힘의 강약 등 종합적인 정보를 완벽하게 파악해 18홀을 단지 열여덟 번의 스윙만으로 끝낼 것이다.

얼마 전 현대자동차그룹이 인수한 미국 로봇 전문 기업 보스턴다이내믹스에서 개발한 AI로봇은 체조선수의 동작을 완벽하게 구현한다. 120킬로그램의 체조 로봇이 360도 공중회전하는 모습은 감탄을 자아내기에 충분하다.

AI 택배 시대도 곧 현실화될 것이다. 물류창고에서 택배를 분류하는 AI로봇의 속도가 아직은 인간에 못 미치지만, 머지않아 인간이 경쟁하지 못할 속도로 신속하게 업무를 처리할 수 있을 텐데, 그러면 택배 기사들의 대량 실직 사태가 일어날 것이다.

호모사피엔스의 정체성을 제고해야 한다

미래학자 레이 커즈와일Ray Kurzweil은 저서 《특이점이 온다》에서, 2045년경 AI가 인간의 지능을 초월하는 소위 '특이점Singularity Point'이 도래할 것으로 예측했다.[9] 이를 둘러싸고 의견이 분분하다. 특이점의 도래 시점이 2045년보다 빠를 것으로 예상하는 전문가가 있는 반면, 버클리대학교 마이클 조던Michael Jordan 교수는 향후 300년 이내에 인간을 완전히 대체하는 AI의 등장은 불가능하다고 단언한다. 전문가들의 이런 견해차에도 불구하고 AI가 미래 인류사회에 막대한 영향을 끼칠 기술로서 그 중요성이 날로 커지고 있다는 점은 아무도 부인할 수 없는 사실이다.

호모사피엔스와 로보사피엔스의 공존은 예정된 미래다. 일본 기업 혼다는 이미 AI 안내 로봇 아시모ASIMO를 개발해 시연하고 있다. 방문객이 오면 그가 누구인지 인지해 인사말을 하고, 목적지까지 안내한 후 원하는 음료를 제공한다. 안내 및 단순 비서 업무를 하는 직업군이 로보사피엔스로 대체될 날도 머지않았다.

AI는 정도의 문제일 뿐 거의 모든 직업에 영향을 미칠 것이다. 단순하고 반복적인 일을 하는 직업이 가장 큰 영향을 받고, 인지적이고 비반복적인 직업은 비교적 영향을 덜 받을 것이다.[10] 옥스퍼드대학교의 연구 결과에 의하면 텔레마케팅, 스포츠 경기 심판, 법무사, 모델 등은 90~100퍼센트 대체 가능성이 있는 반면 성직자, 의사, 과학자, 예술가 등의 대체 가능성은 0~20퍼센트라고 한다.

반면 4차 산업혁명 시대에 새로 생기는 직업도 있을 것이다. 로봇 외과의사, 스마트팜 구축자, 가상현실 교육 전문가, 빅테이터 큐레이터, 드론 교통 관제사, 자율주행차 사고 보상 전문가 등 AI와 관련된 뉴칼라New Collar, 신종 직업이 등장할 것이다. 전 세계 7세 아이들의 65퍼센트는 지금은 없는 신종 직업을 갖게 될 것으로 예측된다.

로보사피엔스가 다양한 직군에서 사람의 일을 대체할 것으로 전망되는 상황에서, 호모사피엔스의 정체성은 무엇이며 어떻게 공존할 것인가 심각하게 고민하면서 다가올 미래에 대비해야 한다. 그렇지 않으면 테슬라 CEO 일론 머스크Elon Musk가 우려하듯, 20퍼센트의 로보사피엔스가 80퍼센트의 호모사피엔스를 지배하는 '20 대 80 사회'가 현실이 될지도 모른다.

호모사피엔스는 기억력, 기능적 역할과 표현, 정보처리 및 계산 능력, 운동 능력에서 로보사피엔스와 경쟁할 수 없을 것이다. 하지만 창의력, 통찰력, 직관, 지혜, 영감, 감동적 삶과 표현 등은 AI로봇이 함부로 넘볼 수 없는 인간 고유의 정체성이 될 수 있다. 강연이나 설교도 기능 측면에서는 로보사피엔스가 실수 없이 잘하겠지만, 우리를 감동시키는 강연이나 영감을 주는 설교는 기대하기 어렵다. 그렇게 호모사피엔스가 잘할 수 있는 고유의 영역을 계발하고 고양시키는 데 미래 세대 교육의 초점을 맞추면, 호모사피엔스의 정체성을 지키면서 로보사피엔스와 조화롭게 공존할 수 있을 것이다.

초융합

─────────○ 지난 1차, 2차, 3차 산업혁명 시대의 발견과 발명은 주로 세부 학문 분야 중심이었다. 그러나 4차 산업혁명 시대 파괴적 혁신의 발견과 발명은 세부 학문 분야의 접경이나 분야 간 융복합을 통해 주로 이루어질 것이다.

따라서 다학제·초학제 융복합 연구가 중요하다. 특히 20세기 말 시작된 디지털혁명을 가속화할 정보기술IT, 21세기 초 인간 유전자 해석으로 시작된 바이오기술BT, 원자·분자 수준에서 물질을 제어하고 조작하는 나노기술NT, 그리고 인간의 감성과 감각을 다루는 인지과학Cognitive Science 분야의 융합인 소위 'NBIC 융합' 연구가 활발히 진행될 것이다.

매사추세츠공과대학교MIT 및 다보스포럼이 발표한 21세기 기술 환경 변화 예측에 의하면, 미래 핵심 기술로 예측된 83개 중

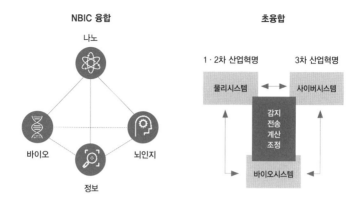

■ 다학제 간, 초학제 간, 시스템 간 경계를 초월한 초융합 ■

NBIC 융합

나노

바이오   뇌인지

정보

초융합

1 · 2차 산업혁명   3차 산업혁명

물리시스템   ◄►   사이버시스템

감지
전송
계산
조정

바이오시스템

95퍼센트 이상이 IT, BT, NT 관련 기술이다. 이들 기술 간의 융합과 복합을 통해 기술혁명과 경제적 부가가치 창출이 극대화될 것으로 예상하고 있다. IT와 BT의 융합 기술인 바이오인포메틱스, IT와 NT의 융합 기술인 휴대용 정보 디바이스, BT와 NT의 융합 기술인 DNA칩 등을 예로 들 수 있다. 이번 코로나 백신 개발에서도 코로나19의 mRNA을 갖는 나노입자 제조 기술이 백신 신약 개발에 중요한 역할을 했다.[11]

한편 4차 산업혁명 시대의 신산업인 자율주행차, 스마트공장, 스마트그리드, 핀테크 등은 기존 산업에 AI, 빅데이터, IoT, 5G, 클라우드를 융복합해 스마트 산업을 창출한 것이다. 농업 분야에서도 ICT, 에너지 기술, 로봇 기술 등을 융합한 스마트팜을 통해 고부가가치의 농산물을 생산하고 있다.

대표적인 4차 산업혁명 산업인 자율주행차의 경우 제너럴모터스, 포드, 볼보, 도요타, 혼다, 현대, 기아 등 전 세계 완성차 회사뿐 아니라 구글(웨이모), 애플 등 플랫폼 기업들도 사활을 걸고 있다. 5단계의 완전 자율주행에 도달하면 자동차는 이동 수단인 동시에 오피스 또는 호텔의 기능을 겸하게 될 것이다.

제조업에 새로운 혁명을 가져온 3D프린터는 제조와 디지털, 재료 기술의 융복합 결과물이다. 3D프린팅 기술로 인해 제조업 트렌드가 소품종 대량 생산에서 다품종 소량 생산으로 변하고 있다. 개별 소비자에게 가장 적합한 제품을 제공할 수 있게 된 것이다. 48시간 만에 자동차를 생산하고, 중국에서는 아파트까지 3D프린터로 만들고 있다. 지식 공유 컨퍼런스 테드TED의 대표이자 3D로보틱스 CEO 크리스 앤더슨Chris Anderson은 4차 산업혁명이 3D프린팅으로부터 온다고 할 정도로 이 기술의 중요성을 강조했다.[12]

초융합의 하이라이트는 물리적 현실세계와 디지털 가상세계의 융합으로 만들어지는 메타버스Metaverse다. '초월' 또는 '추상'을 뜻하는 메타와 '현실세계'를 의미하는 유니버스의 합성어로, '초현실 가상세계'를 가리킨다. 1992년 닐 스티븐슨Neal Stephenson이 소설《스노 크래시》에서 처음 사용했다.

현실세계를 디지털세계에서 똑같이 구현하는 '디지털 트윈Digital Twin'의 가상현실VR이 가능하고, 여기에 현실을 증강하고 확대하는 증강현실AR 및 확장현실XR 기술이 발전하면서 초현실 가상세계가 실현되고 있다. 미국의 인공지능 컴퓨팅 기업 엔비디아의 CEO 젠슨 황Jensen Huang은 메타버스 시대의 도래를 공언했고, 국내 기업 네이버제트는 2018년 증강현실 플랫폼 '제페토'를 출시해 이미 전 세계의 주목을 받고 있다. 시장조사 업체 스트래티지애널리틱스는 2025년 메타버스 관련 세계 시장 규모가 2,800억 달러로 급성장할 것이라고 예측했다.

메타버스에서는 현실세계와 가상세계의 융합으로 현실과 가상의 구별이 쉽지 않은 플랫폼을 제공하기 때문에 다양한 분야에서 활용될 것으로 전망된다. 게임, 공연예술, 영화 등 엔터테인먼트 분야에서는 이미 활발하게 활용되기 시작했다. 영화 〈쥬라기 공원〉에서 공룡과 실제 배우들이 펼친 가상과 현실이 융합된 연기 장면은 메타버스의 좋은 예다. 최근에는 BTS의 신곡 뮤직비디오가 메타버스에서 발표되기도 했다. 이 외에도 아바타 간의 가상회의, 증강도시 구현, 원격의료 수술, 실감형 원격교육 등 실로 다양한 분야에서 메타버스 활용하게 될 것이다.

1차·2차 산업혁명을 통한 산업화, 3차 산업혁명을 통한 디지털화에 이어 4차 산업혁명을 통한 가상세계화가 인류사회에 커다란 영향을 끼칠 것이다.[13] 메타버스라는 또 하나의 산업이 생기는 것을 넘어 가상세계에서 주로 이루어지는 새로운 삶의 패턴이 인류사회에 정착하게 될 것이다.

융합형 인재를 양성해야 한다

초융합 메가트렌드를 주도하기 위해서는 융합형 인재 양성이 무엇보다도 중요하다. 학문의 경계를 초월해 여러 전공을 주저 없이 넘나드는 자신감과 도전정신이 필요하다.

이를 위해서는 대학 학부 과정에서 기초과학 및 공학 교육을 철저히 시켜야 한다. 물리, 화학, 수학, 생물 등 기초과학 교육과 더불어 AI, 컴퓨터 코딩, 통계, 엔지니어링 디자인 등 기초공학 교육을 강화해야 할 것이다. 이런 좌뇌 중심의 이공계 교육에 역사, 철학, 예술사 등 통섭적 인문사회 교육을 보완해 전뇌 교육을 시행하는 방향으로 나가야 한다. 그동안 대학이 고수해온 학과 중심의 두터운 교육장벽을 과감히 헐어야만 가능한 변화다. 철저한 기초 교육을 바탕으로 융합형 인재를 양성하는 '무학과 교육 시스템'을 한국과학기술원KAIST이나 대구경북과학기술원DGIST처럼 학부 과정에 도입하는 것이 바람직하다.

또한 대학이나 연구소에서 융합 연구를 활성화해야 한다. 세부 전공 연구에 자족하는 폐쇄적 연구 관습을 타파하고, 파괴적 혁신의 다학제적 연구 참여를 장려해야 한다. 융합 연구가 활성화되기 위해서는, 연구자 각자가 확실한 전문 지식을 보유해야 하며, 자신의 분야를 뛰어넘어 다른 전공 분야 연구자와 기꺼이 협업하려는 학문적 열정과 집념이 있어야 한다. 또한 연구실 간의 칸막이를 제거한 '벽 없는 연구실Wall-less Lab'을 만들어, 참여 연구자와 학생들이 자유롭게 실험실을 공유하면서 격의 없이 토론하는 분위기를 조성해야 한다.

융복합 연구 철학으로 연구소를 설립해 채 10년도 지나지 않아 노벨상을 수상한 연구소가 있다. 미국 버지니아의 자넬리아 연구소Janelia Research Campus는[14] 생물학 분야에서 지금까지 풀리지 않은 난제들을 해결하기 위해 HHMI Howard Hughes Medical Institute 의 재정지원을 받아 2005년 설립되었다. 생물학 분야 연구소임에도 불구하고 신경과학, 분자유전학, 물리학, 통계학 등 다양한 분야의 인재들을 모집해 연구를 진행하고 있다. 혁신적 융복합 아이디어를 낸 연구자에게 연구비를 주고 5년 단위로 평가해 재계약 여부를 결정한다. 건물도 융복합 철학을 반영해 유리로 긴축되었고, 실험실에는 칸막이가 없어 연구자 간 활발한 협력이 가능하다. 설립 9년 만에 이 연구소의 에릭 베치그 Eric Betzig 박사가 편광현미경 분야 연구로 노벨화학상을 수상해 과학계의 주목을 받았다.

코로나19,
4차 산업혁명을 가속화하다

지금 전 세계는 코로나19로 인해 전대미문의 큰 충격과 변화를 겪고 있다. 코로나19는 21세기 인류사회 문명의 판도를 바꾸는 게임체인저가 되어버렸다. 우리의 일상생활을 대면 사회에서 비대면 사회로, 오프라인 경제에서 디지털 온라인 경제로 급격하게 전환시켰다. 소위 '코로노믹스Coronomics' 사회다.[15] 지금까지 세계화Globalism를 지향하던 나라들이 이제 자국보호주의Protectionism로 정책을 바꾸고 있다.

이렇듯 급격한 변화로 인해 "세계 역사는 코로나 이전Before Corona, BC과 이후After Corona, AC로 기술될 것"이라는 토머스 프리드먼Thomas Friedman의 의견에 많은 사람이 공감하고 있다. 코로나19 발생 후 근 2년이 되어가는 현 시점에도 집단면역은 형성되지 않았고 알파, 베타, 델타, 감마, 오미크론 등 새로운 변종이 생겨나며 코로나가 계속 기승을 부리고 있다. 영국의 경우 전 국민의 80퍼센트가 백신을 접종했는데도 확진 환자가 1만 명 수준으로 급증했다. 이런 추세를 감안하면, 인류는 당분간 코로나 바이러스와 공생하는 '위드 코로나With Corona' 시대를 살아가게 될 것으로 보인다.

코로나19로 인해 온택트Ontact 사회가 뉴노멀New Normal이 되면서 디지털 전환Digital Transformation을 위한 초연결화가 더욱 빠르게 진행되고 있다. 마이크로소프트의 CEO 사티아 나델라Satya Nadella는 코로나19로 인해 "2년 걸릴 디지털 전환이 2개월 만에 이루어졌다"고 말했다. 코로나19는 비대면 원격교육, 원격의료, 원격 물류배송, 온라인 공연 및 스포츠 등 비대면 산업 분야를 활성화하는 커다란 계기가 되고 있다. 이로 인해 아마존, 애플, 페이스북, 네이버, 쿠팡 등 국내외 플랫폼 업체들의 매출이 급상승했다.

또한 코로나19 대응을 위한 백신 및 치료제 개발, 예방 및 보호 의료장비 개발을 위해 초융복합 및 초지능화의 메가트렌드가 가속화되었다. KAIST의 '코로나 대응 뉴딜 사업단'에는 45명의 교수가 참여하고 있다. 생명 및 의과학, 나노 소재, AI, 기계, 산업디자인 등 실로 다양한 전공의 교수들이 초학제의 융복합 연구를 진행한다.

한편, 코로나19로 인한 비대면 사회로의 전환과 사람 간 접촉을 기피하는 분위기에 따라 사람이 하던 다양한 일을 AI로봇으로 대체하기 위한 초지능화도 가속화될 것이다.

4차 산업혁명 성공을 위한
K-방정식

대한민국은 '4차 산업혁명'이라는 용어가 대중의 일상언어로 자리 잡은 대표적인 나라다. 구글 검색어 분석에 따르면, 4차 산업혁명이라는 키워드가 2016년 1월 세계경제포럼에서 처음 공개된 후 검색 빈도가 단연코 가장 많은 나라가 대한민국이다. 그 정도로 4차 산업혁명에 대한 국민의 관심이 지대한 것이다.

정부는 4차 산업혁명을 국가의 새로운 성장동력으로 삼기 위해 대통령 직속 '4차산업혁명위원회'를 2018년 발 빠르게 출범했다. 4차 산업혁명은 지자체의 사업, 학계 세미나, 방송 콘텐츠, 서점가의 책 제목에도 빠지지 않고 거론되는 화두다. 일각에서는 이런 현상을 경계하기도 한다. 구체적인 개념이 정립되지 않은 상황에서 4차 산업혁명이라는 말에 열광하다 보면 본질은 사라지고 용어만 유행하다 끝날지도 모른다는 우려 때문이다.

그렇다면 과학계에서는 이 거대한 담론을 어떻게 인식하고 있을까? 한국과학기술단체총연합회(한국과총)가 과학기술계에 종사하는 2,345명을 대상으로 설문조사한 결과, 응답자의 89퍼센트가 4차 산업혁명은 현재 진행 중이라고 답변했다. 구체적인 개념이 정립되지 않은 상황에서 4차 산업혁명을 국가의 주요 정책 방향으로 정하는 것에 대해서는 절반에 가까운 43퍼센트가 과학기술 혁신과 사회 발전의 역동성을 살리는 바람직한 방안이라고 응답했다.

대한민국은 4차 산업혁명을 현실에서 실증해낼 수 있는 최적의 국가가 될 수 있다. 그 첫 번째 근거는 속도다. 4차 산업혁명은 변화의 속도가 유례없이 빠른 것이 특징인데, 우리는 고속 성장과 그에 따라 빠르게 변해가는 사회상을 이미 체험했다. 무엇보다 세계 최고 수준의 정보통신기술 역량 및 인프라가 있다. 반도체와 디스플레이 시장 점유율 세계 1위, 휴대전화 시장 점유율 세계 2위, 인터넷 속도 및 광대역 보급률 세계 1위 국가다. 또한 만 3세 이상 인구의 78퍼센트, 10~30대 인구의 99.7퍼센트가 인터넷을 사용하는 나라가 바로 대한민국이다.

두 번째는 국민적 관심이다. 슈밥 회장은 4차 산업혁명에 대해 전 국민이 폭넓은 관심을 보이는 유일한 나라가 대한민국이라고 말했다. 기존의 모든 산업혁명은 새로운 기술의 출현과 그로 인해 촉발된 신산업의 등장이 필수적으로 동반되었는데, 그에 대한 사람들의 저항이 만만치 않았다. 특히 1차 산업혁명의 경우 바뀐 노동 환경에 저항하는 근로자들이 기계를 파괴하는 러다이트Luddite 운동을 벌이기도 했다. 당시 대중은 산업혁명이 초래한 변화를 제대로 이해하거나 수용하지 못했던 것이다. 이런 면에서 볼 때, 우리나라 전 국민의 관심은 4차 산업혁명을 실제 삶 속으로 연착륙시킬 수 있는 중대한 조건이 된다.

마지막 세 번째는 정치권의 방향 설정이다. 지난 대선에서 여야를 막론하고 모든 후보가 4차 산업혁명을 주요한 정책 과제로 내놓았다. 정권이 바뀌면 사라질 정책이 아니라, 국가의 명운을 걸고 지속적으로 발전 방향을 논의할 수 있는 공감대가 형성된 것이다. 이렇듯 민·관·정 모두가 4차 산업혁명에 지속적으로 관심을 갖는 것은 세계적으로도 드문 사례다.

그러나 여러 가지 위협 요인 또한 상존하고 있음을 직시해야 한다. 인구당 고등교육 이수자의 비율은 2019년 기준 48퍼센트로 매우 높지만 창의·융합 인재가 크게 부족한 교육 현실, 미국이나 중국과 격차가 크게 나는 AI 기반 소프트웨어 기술력, 상위 0.05퍼센트 대기업이 연간 국가 수출액의 60퍼센트 이상을 차지하는 대기업 주도 성장 방식, '포지티브' 규제 시스템으로 인한 수동형 규제 개혁 등이 바로 그것이다.

4차 산업혁명 K-방정식의 3가지 변수

우리나라가 4차 산업혁명 선도 국가로 도약하기 위해서는 위협 요인은 극복하고 기회 요인을 발판 삼아 '한국형 4차 산업혁명 성공 방정식'을 만들어가야 한다. 그 K-방정식에 반드시 담아야 할 3가지 핵심 변수가 있다.

첫 번째 변수는 '혁신'이다. 4차 산업혁명을 선도할 인재를 양성하기 위한 교육 혁신, 글로벌 선도 연구개발을 위한 연구 혁신, 신산업 창출을 위한 기술사업화 혁신이 중요하다. 앞서 언급한 한국과총의 설문에서도 많은 전문가가 4차 산업혁명을 위한 최우선 전략 분야로 교육 및 연구개발 시스템의 혁신을 꼽았다. 기존의 기술혁명은 제품이나 생산 방식의 변화만을 초래했지만, 우리가 마주하게 될 4차 산업혁명은 산업·고용·경제·정치 등 사회의 모든 시스템을 뒤바꿔놓을 대변혁이 될 것이다. 이런 변화에 대응하기 위해서는 대학의 교육과 연구 시스템이 창의와 융합을 지향하는 형태로 달라져야 한다. 이를 통해 새로운 경제적 부가가치를 창출하는 대대적인 혁신도 동반되어야 한다.

두 번째 변수는 '협업'이다. 4차 산업혁명 시대의 가장 큰 특징

■ 대한민국의 4차 산업혁명 성공을 위한 K-방정식 $\int(I, C, S)$ ■

혁신 Innovation	협업 Collaboration	속도 Speed
교육 혁신	산·학·연 협업	규제 개혁 신속화
연구 혁신	민·관·정 협업	거버넌스 효율화
기술사업화 혁신	글로벌 협업	창업 가속화

은 초연결 사회라는 점이다. 인터넷 연결망을 통해 기존의 물리적 한계를 뛰어넘는 수평적 연결 사회에서는 지식의 공유와 협업이 무엇보다도 중시될 것이다. 현재의 수직적 조직 체계와 절차 중심의 소통 방식을 고수한다면 더 이상 새로운 것을 기대할 수 없다. 산·학·연과 민·관·정이 장벽 없이 소통하고 지식을 공유하며 다양한 접점을 만들어나갈 때 협업을 통한 새로운 가치들이 창출될 것이다. 또한 국내에서 성공적으로 정착된 협업 시도들이 국제 무대에서도 주목받을 수 있도록 세계적인 연구소, 대학, 기업과의 글로벌 협업에 지속적인 관심과 노력을 기울여야 한다.

마지막 세 번째 변수는 '속도'다. 4차 산업혁명은 대한민국뿐 아니라 세계 모든 국가가 맞닥뜨린 새로운 도전이자 기회다. 동일한 출발선상에서 시작하는 속도의 경쟁인 것이다. 출발 지점에서부터 빠르게 치고나가야 한다. 저항은 최소한으로 줄이고 전진하는 힘은 극대화할 수 있도록 창업을 가속화하고, 거버넌스의 효율을 높이며, 규제 개혁을 신속하게 이뤄낼 수 있는 정책적 방안을 마련해야 한다. 특히 각종 규제가 속도의 큰 걸림돌이 되고 있는데, 현재의 포지티브 규제 시스템에서 네거티브 시스템으로의 과감한 전환이 필요하다.

방정식의 결과는 변수의 값에 따라 결정된다. 혁신, 협업, 속도의 3가지 변수 값을 제대로 입력한 솔루션이 준비된다면 한국형 4차 산업혁명을 성공적으로 이끌어갈 수 있을 것이다. 필자는 2018년 중국 텐진에서 개최된 하계 다보스포럼에 초청돼 '한국형 4차 산업혁명 성공 방정식'에 관해 기조 발표를 했다. 참석한 관계자들의 큰 관심과 반향에서 4차 산업혁명 시대에 희망찬 대한민국의 미래를 볼 수 있었다. 위기를 앞서서 파악하고 정확한 전략으로 대응한다면 세계 어느 국가보다 먼저 성공의 기회를 잡을 수 있을 것이다. 혁신, 협업, 속도의 성공 방정식이 필요한 이유다.[16]

4

과학기술 혁신 10대 국가 어젠다

대한민국이 과학기술 선도국으로 도약하는 데 장애가 되는 요인들은 무엇인가?

첫째, 원천 핵심 기술이 부족하다. 우리나라는 반도체, 철강, 자동차, 이동통신 기기 등 주요 먹거리 산업의 생산 및 제조 기술은 매우 우수하다. 그런데 확보한 원천 핵심 기술의 수는 선진국의 60퍼센트 수준이다. 이로 인해 주요 핵심 기술 자립도가 취약하다.

국가의 기술 자립도를 통상적으로 나타내는 지표가 기술무역수지비다. 기술 수출액을 기술 도입액으로 나눈 값이다. 2019년 기준 우리나라 기술무역수지비는 0.77이다.[17] 미국, 일본 등 과학기술 강국의 기술무역수지비는 2 이상으로, 우리의 기술 자립도가 매우 취약하다는 것을 알 수 있다. 선진국형 구조가 되기 위해서는 기술무역수지비를 우선 1 이상으로 개선해야 한다.

둘째, 기초과학 분야에 대한 투자가 미흡하다. 원천 핵심 기술이 부족한 우리나라에서는 새로운 발명과 발견을 할 수 있는 기초과학 분야에 대한 투자가 활성화되어야 함에도 불구하고, 정부의 투자가 기초 분야보다는 응용·개발에 치중되어 있다.

셋째, 연구소, 산업체, 대학 간의 연계가 부족하다. 우리나라는 선진국에 비해 산업체, 연구소, 대학 간의 장벽이 매우 높아 인적 교류 및 공동 연구 분위기를 조성하기가 어렵다. 이웃 일본의 경우만 보더라도 기업, 정부 출연 연구소, 대학의 상호 연구원 파견을 통한 공동 연구가 활발하게 이루어지고 있다. 우리나라는 교수직을 선호하는 사회적 분위기로 인해 이공계 박사급 인력의 80퍼센트가 대학에 편중되어 있다. 국가의 인적 자원을 최대한 활용하기 위해서는 대학의 고급 인력을 활용할 수 있는 산업체 및 연구소와의 연계가 매우 중요하다.

넷째, '지식 창조형' 과학기술 인력이 부족하다. 지식 기반 시대에는 새로운 가치를 창출할 수 있는, 소위 지식 창조형 인력이 중요한 역할을 한다. 특히 기술 기반 경제의 경쟁력을 확보하기 위해서는 지식 창조형 과학기술 인력이 절대적으로 필요하다. 우리나라는 현재 1970~80년대 산업화 시대에 양성된 모방형·응용형 인력이 주축을 이루고 있다. 더욱이 1997년 말 외환위기 당시 기업들이 연구원을 우선적으로 감원하면서, 청소년들이 이공계 진학을 기피하게 되었다. 미래 직업 안정성에 대한 불안과 청소년들의 가치관 변화가 이런 현상을 야기한 것이다. 지금도 우수 청소년들이 이공계 대학보다는 한번 면허증을 따면 평생 수입이 안정적으로 보장되는 의대, 한의대, 약대를 선호한다.

사실 이공계 기피 현상은 탈산업현상Post-Industrial Syndrome으로, 선진국에서 공통적으로 나타났기 때문에 우리도 언젠가는 겪을 일이었다. 문제는 선진국의 경우 국민소득 3만 달러에서 이공계 기피 현상이 나타난 데 비해 우리나라는 2만 달러에서 급격히 발생했다는 것이다. 국가의 기반이 튼튼하게 다져지기 전에 이런 현상이 일어나, 우수 인력의 기술집약 산업 경쟁력 강화를 통한 초일류 선도국 도약의 적신호가 켜진 것이다.

마지막으로, 대한민국 고유의 과학기술 장기 전략이 부족하다. 이제 우리나라는 추격자 단계에서 벗어나 우리만의 선도 전략을 수립해야 한다. 선진국이 닦아놓은 고속도로를 잘 달리기만 해도 생존할 수 있던 시대는 지났다. 우리 스스로 과학기술의 고속도로를 만들어야 한다. 그러나 대한민국에는 국가적으로 우리만의 미래지향적 과학기술 전략을 세울 싱크탱크가 없다. 국가의 미래 운명이 달려 있는 중요 전략 및 기획이 필요할 때마다 임시방편으로 위원회를 만들어 즉흥적으로 단기적인 안을 만들어왔기 때문이다.

위와 같은 진단으로부터 과학기술 선도국 진입을 위한 과학기술 혁신 10대 국가 어젠다를 제시한다.

글로벌 'BFO' 선도 연구개발

지난 반세기 동안 우리나라 과학기술은 양적 측면에서 경제성장 못지않은 놀라운 발전을 이룩했다. SCI급 논문 수 세계 12위, 미국 특허 출원 수 세계 3위, 국제 특허 출원 수 세계 4위다. 하지만 연구 성과의 질적 우수성은 아직 부족하다. 세계를 선도하는 연구 분야가 거의 없으며, 국민들이 애타게 기다리는 과학 분야 노벨상 수상자를 한 명도 배출하지 못했다. 세계 특허 4대 강국이지만 기술 수입액 대비 기술 수출액 즉 기술무역수지비는 0.77로, 매년 약 4조 원의 기술 수입료를 지불하고 있다.

이런 문제의 근본적인 원인은 연구자들이 지금까지 추격형 연구를 수행해왔기 때문이다. 추격형 연구란 새로운 지식이나 경제적인 가치 창출 효과가 없는 어중간한 중간 영역 연구인 소위

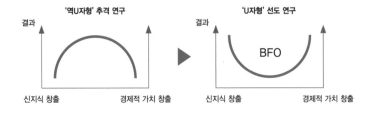

■ 역U자형 추격 연구에서 U자형 글로벌 선도 연구로의 전환 ■

'역U자형'를 의미한다. 이런 형태의 연구 풍토를 '글로벌 선도형 연구'로 전환해야 한다. 양극단의 'U자형 연구'를 수행하면서 세계적으로 최고Best, 최초First, 유일한Only 연구를 지향해야 한다는 것이다. 연구비 투자도 바로 이 'BFO'를 지향하는 연구에 집중되어야 한다.

도전적 실패를 용인하라

연구자들이 BFO 연구를 추구하면 낮은 성공률을 감수할 수밖에 없다. 따라서 선도적인 BFO 연구를 장려하기 위한 선결 조건으로 도전적인 실패를 용인하는 사회 분위기가 정착되어야 한다. 도전적 실패가 예산의 낭비가 아니라 새로운 창조적 연구의 밑거름이 된다는 사회 인식이 필요하다.

통상 도전적 연구의 80퍼센트는 실패로 끝난다.[18] 실패한 도전을 징벌하는 사회 및 조직에서는 BFO 연구 결과가 나올 수 없다. 따라서 과학기술자들의 도전적 실패를 용인하고 보호해주는 사회적 분위기와 평가 시스템이 구축되어야 한다. 특히 감사 시스템이 선진화되어야 하는데, 이에 대해서는 4장 "거버넌스 선진화"에서 다시 논의할 것이다.

우리나라 정부 지원 연구의 결과는 거의 대부분 '성공' 평가를 받는다. 추격 단계에서는 가능한 이야기다. 그러나 창조와 혁신을 요구하는 선도 연구에서는 100퍼센트 성공이란 있을 수 없다. 10개의 연구개발 중 한두 개만 성공해도 다행이다. 그런데 우리의 현실은 실패를 인정해주지 않는다. 분명히 실패했는데도 '성공'으로 처리하는 해프닝도 종종 일어난다. 연구비 수혜 기관이 상부 부처로부터, 상부 부처는 감사원으로부터 문책을 받기 때문이다. 그래서 대부분의 연구자가 도전적 연구개발을 기피하고, 성공 가능성이 높은 추격 단계의 연구개발에 안주한다. 이래서는 우리나라가 발견과 발명의 진원지가 될 수 없고, 그러면 세계 일류 기술도 나올 수 없다.

과학기술 선진국들처럼 도전적 실패를 인정해주는 연구 풍토가 조성되어야 한다. 최근 일본, 미국 등 선진국들이 '실패학'을 연구하는 이유가 바로 실패의 경험을 성공의 지렛대로 삼기 위해서임을 명심해야 한다.

실패에는 두 종류가 있다. '불성실 실패'와 '도전적 실패'다. 전자는 연구비 수주에만 관심이 있고 연구개발에는 불성실해 실패하는 것이다. 이런 경우 분명하게 책임을 묻고 불이익을 주어야 한다. 그러나 후자는 창의적인 아이디어를 가지고 혼신의 열정과 노력으로 연구에 매진했으나 결과적으로 성공하지 못한 경우

다. 그렇다면 연구자의 헌신을 인정하고 격려해주어야 한다. 최종 연구 목표는 달성하지 못했지만, 실패 가운데 틀림없이 연구의 부산물이 있다. 또한 연구를 통해 쌓인 논리적 능력과 경험이 다음 연구와 다른 과학자의 연구에 밑거름이 될 수 있다.

실패가 다른 측면에서는 실질적으로 유용한 결과가 되기도 한다. 미국 기업 3M의 '포스트잇'은 당초 연구 목표로 보면 실패의 결과였다. 견고하게 달라붙는 접착지를 개발하려고 했으나 쉽게 떨어지는 접착지가 나온 것이다. 이 실패의 결과물이 오늘날 우리 일상생활에 얼마나 유용하게 쓰이고 있는가.

정권을 초월한 장기 계획과 투자가 필요하다

세계적으로 BFO 연구의 결과는 단기간에 얻을 수 없다. 글로벌 선도 전략을 성공적으로 추진하기 위해서는 정권을 초월한 장기 계획과 투자가 매우 중요하다. 이와 관련해 미국의 좋은 사례가 있다.

2005년 미국 상원의 공화당 의원 라마 알렉산더Lamar Alexander 와 민주당 의원 제프 빙거먼Jeff Bingaman은 "21세기에도 미국이 세계 최선진국의 지위를 유지하기 위해 추구해야 할 국가 혁신 전략은 무엇인가?"라는 질문을 저명한 과학자와 공학자들의 모임인 한림원에 던지며 자문을 구했다. 한림원은 노먼 오거스틴Norman Augustine 전 록히드사 회장을 위원장으로 찰스 베스트Charles Best MIT 명예총장, 리처드 레빈Richard Levin 전 예일대 총장, 노벨물리학상을 수상한 스티븐 추Steven Chu 로렌스버클리국립연구소 소장 등 미국의 산업체·대학·연구소의 대표적 인사 20명으로 위원회를 구성했다. 이들이 8개월 동안 머리를 맞대고 도출해낸 정책 방안을 담아 〈미국 경쟁력 강화 계획〉 보고서를 작성했다. 미국 의회는 보고서에 담긴 권고안을 받아들여 미국의 경쟁력을 강화하기 위한 사업을 인준하고 법안을 마련했으며, 2007년 부시 행정부가 관련 예산을 확보해 사업에 착수했다.

여기서 우리가 주목할 점은, 이 사업이 공화당에서 민주당으로 정권이 교체된 오바마 행정부에서도 8년간 지속적으로 추진되었다는 사실이다. 정권을 초월해서 일관성 있게 과학기술 혁신 사업을 추진한 미국의 사례는 우리에게 시사하는 바가 매우 크다.

우리나라도 새 정부가 들어설 때마다 과학기술 장기 계획을 내놓았다. 김영삼 정부의 '2025계획', 김대중 정부의 '6T 육성계획', 노무현 정부의 '차세대 10대 성장동력 육성 사업 종합계획', 이명박 정부의 '577계획', 박근혜 정부의 '창조경제 계획'. 그러나 이 계획들은 국가의 지속적인 발전 전략으로 이어지지 못하고 정권 교체와 함께 사장되었다. 추진하던 사업도 대부분 중단되었다. 특정 정권의 홍보용으로 그친 것이다.

이제 우리나라도 전문가 집단의 장기간에 걸친 숙고를 통해 우리 고유의 과학기술 글로벌 선도 전략을 수립하고, 정권과 관계없이 지속적으로 연구 사업을 지원해야 한다. 과학에는 여야가 없고 단지 국가만 있을 뿐이다.

국가 R&D 예산의 효율성을 극대화하라

필자는 지난 2007년 대선 기간 중 대통령 후보들에게 GDP 대비 5퍼센트를 연구개발에 투자할 것을 제안했다. 당시 2.99퍼센트 수준이었으니 5퍼센트는 파격적인 증액이었을 것이다.

당시 5퍼센트 연구개발비 투자 제안은 2가지 논리에 근거했다. 하나는 우리나라가 과학 선진 5대 강국에 진입하기 위해서는 연구비 투자의 절대 규모가 세계 5위인 영국 수준은 돼야 한다는 것이었다. 또한 당시 우리나라가 GDP 8천억 달러 규모에 수출액이 3천억 달러인 수출의존국임에도 불구하고, 수출액 대비 연구개발비는 8퍼센트로 미국의 40퍼센트, 일본의 30퍼센트에 비해 매우 적었다. 그러므로 대한민국의 수출 경쟁력 강화를 위해 수출액 대비 연구개발비 투자를 최소한 2배는 늘려야 한다는 것이 두 번째 논리였다.[19]

과학기술계 일각에서는 너무 과도한 제안이라며 회의적인 의견을 피력하기도 했다. 그러나 놀랍게도 당시 모든 대선 후보가 GDP 대비 5퍼센트의 연구개발비 투자를 선거 공약으로 제시했다. 이후 정권마다 연구개발비 투자를 꾸준히 증액해, 2019년 현재 GDP 대비 4.64퍼센트로 이스라엘에 이어 세계 2위가 되었다. 그동안 총 연구개발비도 4배 증가해 이제는 연구개발비 100조 원 시대에 진입했다.

하지만 연구개발비 절대 규모에서는 아직도 경쟁국인 미국이나 중국의 약 6분의 1 수준에 불과하다. 이웃 일본과 비교해도

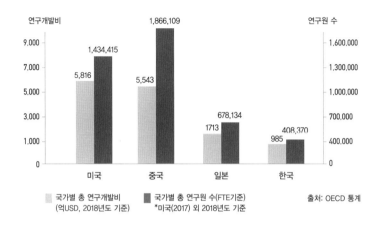

■ 주요 국가별 연구개발비 및 연구원 수 ■

연구개발비 / 연구원 수

- 1,866,109
- 1,434,415
- 5,816
- 5,543
- 678,134
- 1713
- 408,370
- 985

미국   중국   일본   한국

■ 국가별 총 연구개발비　■ 국가별 총 연구원 수(FTE기준)　　출처: OECD 통계
(억USD, 2018년도 기준)　*미국(2017) 외 2018년도 기준

절반 수준이다. 연구원 수 또한 408,000명으로 미국과 중국의
약 4분의 1 수준, 일본의 3분의 2 수준에 머물러 있다. 연구개발
비 및 연구인력 절대 규모 면에서 아직도 미국, 중국, 일본 등 경
쟁국보다 열세이기 때문에 국가적 차원에서 연구자원 투자의 효
율성을 극대화해야 한다.

먼저 기초·응용·상용화 연구 단계에서 정부와 민간의 역할을
명확히 정립할 필요가 있다. 취약국가 단계에서는 정부가 모든 연
구 단계를 지원했다. 그러나 이제 선도국 단계에서는 정부는 기초
연구 지원에 치중하고 응용 및 상용화 연구는 민간 기업이 담당해
야 한다. 우리나라도 WTO에 가입했기 때문에 정부가 직접적으
로 민간 기업의 연구를 지원하는 것은 지양해야 할 것이다.

우리나라 총 연구개발비 100조 원 중 거의 80퍼센트가 민간
기업의 연구비이므로, 정부 연구비는 세계적 수준의 발명과 발

견의 지식 창출을 위해 기초 연구에 집중적으로 투자하는 것이 바람직하다. 이를 위해서 현재 50퍼센트 수준의 기초 연구 투자 비중을 70퍼센트 수준으로 확대해야 한다. 또한 선정된 연구 과제에 대해서는 최소 5년 이상 장기적으로 연구비를 지원해야 혁신적 연구 결과를 얻을 수 있을 것이다.

나아가 기초 연구가 단순히 학문적 호기심을 충족시키는 '호기심 위주 연구Blue Sky Research'가 아니라, 미래 응용성이 있는 연구로 연결되어 경제적 부가가치를 창출하기 위해서는 대학·연구소·산업체의 협력을 강화해야 한다. 이를 위해서 정부 지원의 기초 연구 결과가 산업체의 응용·상용화 연구에 잘 접목될 수 있도록 연계 시스템을 강화할 필요가 있다. 특히 학·연·산 간 연구인력의 유동성을 제고하는 제도를 구축해야 한다.

정부 연구개발비 투자의 효율성을 극대화하기 위해서는 또한 부처 간 유사 분야에 대한 중복 투자를 방지하는 통합 관리 시스템을 도입해야 한다. '차세대 성장동력 사업'의 경우 특정 분야에서 고무적인 연구개발 결과가 나오기 시작하면서 부처 간 주도권 싸움으로 인해 연구자들이 지원 부처의 눈치 보기에 급급했던 전례가 있다. 연구개발 투자에 대해 통합적으로 관리함으로써 각 부처의 업무를 적절히 배분할 필요가 있다.

노무현 정부 시절의 과학기술부총리 체제를 부활해 혁신본부에서 다부처 사업을 통합 관리하는 것이 바람직해 보인다. 미국은 백악관 내에 대통령 직속 과학기술정책실Office of Science and Technology Policy, OSTP이 있어 국가 과학기술 정책과 연구개발비 투자를 통합 관리하고 있다.

또한 연구 수행 종합 관리 시스템을 도입해야 한다. 연구 과제 기획부터 선정, 수행, 평가 단계에 이르기까지 연구개발 전 과정을 일목요연하게 파악할 수 있어야 한다. 전 과정에 실명제를 도입해 투명성과 책임성을 제고할 필요가 있다.

우리나라에서 연구 과제 기획은 2~3개월의 짧은 기간 동안 이뤄져왔다. 추격자 단계에서는 선진국의 연구 과제를 모방하면 되니까 연구 기획 기간을 길게 잡을 필요가 없다. 그러나 선도자 단계에서는 우리만의 독창적인 연구 과제가 필요하며, 이를 위해서는 연구 기획이 장기간에 걸쳐 신중하게 이루어져야 한다. 잘못된 기획에 따라 연구가 수행되면 비용과 시간의 엄청난 손실을 초래하기 때문이다.

연구 과제 수행자를 선정하고 연구 결과를 평가하는 단계에서도 후진적 운영 시스템을 개선해야 한다. 우리나라는 연구인력이 충분하지 않기 때문에 특정 분야의 자질 있는 평가자 풀이 매우 좁다. 특히 뛰어난 연구자가 창의적 연구 과제나 도약 과제를 수행하는 경우, 이를 제대로 평가할 만한 수준 높은 평가자가 극히 제한되어 있다. 따라서 과제 선정 단계에 평가인력을 집중하고, 연구 결과는 우수한 국제학술지 게재, 특허 출원 등 객관적인 잣대로 실적 위주의 평가를 하는 것이 효율적이다. 평가자 풀을 넓히기 위해 외국의 원로 학자를 적극적으로 활용하는 것도 바람직하다. 연구 활동을 활발히 하고 있는 젊은 외국 학자에게 평가를 맡기면 아이디어를 뺏길 위험이 있으므로 피하는 것이

좋다.

연구자별로 정부 과제 프로젝트 수행 결과에 대한 종합 관리 시스템을 구축해 연구의 성실성과 우수성을 모니터링할 필요가 있다. 그래서 우수 과학자에게는 후속 연구 시 가점을 부여하는 인센티브 마일리지 시스템을 도입하고, 연구비 수주에만 관심이 있고 연구 수행에는 불성실한 연구자들에겐 패널티를 주어야 한다.

지방에 있는 대학이나 연구기관의 연구 활성화를 위해 정책적으로 연구비를 배정하는 것은 국가 균형발전 측면에서 원칙적으로 필요하다. 그러나 연구에 재원이 필요하지만 연구는 결국 사람이 한다는 사실을 잊어서는 안 된다.

독일은 통일 후 동독 지역의 연구 활성화를 위해 정책적으로 새로운 연구소를 설립하고 연구비를 지원했다. 그러나 연구 책임자로는 독일을 위시한 유럽 전역에서 가장 적합한 과학자를 초빙했다. 일례로, 1992년 동독 지역 할레에 동독 최초의 막스플랑크연구소인 '미세구조물리 막스플랑크연구소Max Planck Institute of Microstructure Physics'를 설립하고,[20] 연구소 소장으로 이 분야의 세계적 학자인 서독 베를린대학교 위르겐 키르슈너Jürgen Kirschner 교수와 프랑스 국립과학연구원CNRS 패트릭 브루노Patrick Bruno 박사를 초빙했다. 두 석학의 리더십으로 이 연구소는 단기간에 세계적인 명성을 얻을 수 있었다.

우리나라도 지방에 대한 정책적 연구비 지원과 함께 역량 있는 과학자를 유치해 연구비 투자 가치를 높여야 한다.

긴 호흡의
기초과학 지원

지금까지 우리나라의 산업 발전은 선진국 기술의 모방과 응용에 의존한 것이었다. 그러나 요즈음 우리나라 기업의 CEO를 만나보면 한결같이 "다른 나라에서 모방할 기술이 없다"고 하소연할 정도로 선진국과의 기술 격차가 없어졌다. 이제 우리나라가 한강의 기적에 이어 또 한 번의 기적을 이루기 위해서는 우리 고유의 창의적인 아이디어에 의한 혁신적 기술 개발이 절실한 상황이다. 그런데 이런 창의적 기술 혁신은 기초과학 연구의 뒷받침 없이는 불가능하다. 기초 연구 역량 강화는 우리나라가 과학 선진국이 되기 위해서뿐 아니라 돌파형 기술 혁신을 위해서도 매우 중요하고 시급한 국가 과제다.

기초과학 연구의 중요성에 관한 유명한 일화가 있다. 1821년 전기 발전 원리를 처음 발견한 영국 물리학자 마이클 패러데이Michael Faraday의 연구실에 빅토리아 여왕이 방문했다. 전깃불이 번쩍이는 모습을 보면서 여왕은 "이 위험한 장난감을 어디에 쓸까?"라고 물었다. 이 질문에 패러데이는 "이 위험한 장난감이 영국에 부와 명예를 가져다줄 것입니다"라고 대답했다. 물리학에서 '패러데이 법칙'으로 알려진 이 발견은 인류 최대 발명품의 하나로, 전기 생산의 파괴적 기술 혁신을 가능케 했고, 2차 산업혁명의 근간이 되었다.

이 외에도 기초과학의 중요성을 대변하는 예는 수없이 많다. 열역학은 1차 산업혁명의 근간인 증기기관 발명의 기초가 되었고, 전자기학은 3차 산업혁명의 근간인 반도체 발견과 트랜지스터 발명의 기초가 되었다. 에너지혁명은 아인슈타인의 질량-에너지 등가 원리에 기초한다.

코로나19 백신 개발에서도 기초과학의 중요성이 여실히 드러났다. 일례로, 미국 모더나사가 보유한 mRNA 기술은 분자생물학자인 필립 샤프Philip Sharp MIT 교수가 1970년대부터 수행한 기초 연구 결과를 토대로 개발되었다.

19세기 산업 시대에는 새로운 발명과 발견이 상용화되기까지 50년 이상 걸렸다. 1821년 마이클 패러데이에 의해 발견된 전기는 60년이 지나서야 상용화되었고, 알렉산더 그레이엄 벨Alexander Graham Bell이 1876년에 발명한 전화는 상용화까지 50여 년이 걸렸다. 발명과 발견이 상용화되어 경제적 부가가치를 창출하기까지 한 세대 이상 걸린 것이다.

그러나 20세기 중반 미국 벨연구소의 윌리엄 쇼클리, 월커 브

새로운 발견	창조적 발명	기술 혁명
패러데이 법칙: $\varepsilon = -d\Phi/dt$	발전기	전기혁명
아인슈타인 질량-에너지 등가 원리: $E = mc^2$	원자력 발전	에너지혁명
반도체	트랜지스터	정보혁명
밀도 반전 양자현상	레이저	광산업혁명
2D 물질	그래핀	플렉서블 디스플레이 혁명

래튼, 존 바딘에 의해 발견된 트랜지스터 현상은 20여 년 만에 컴퓨터 및 텔레비전의 핵심 부품인 반도체 메모리칩으로 상용화되었다. 그리고 20세기 후반에 발명된 휴대전화, 하드디스크드라이브HDD, 인터넷 등은 10년도 채 지나지 않아 상용화되었다. 이와 같이 기초 연구에 의한 새로운 발견과 발명의 상용화가 점점 가속화되어 기간이 단축되고 있다.

도전적 연구를 통해 파괴적 기술 혁신의 연구 결과를 창출하기 위해서는 긴 호흡의 장기 연구 지원 시스템이 정착되어야 한다. 장기적 연구 지원의 일환으로 KAIST에서 새롭게 도입한 '초세대 협업 연구실'과 '특이점 교수 제도'를 다음에서 소개한다.

학문의 유산을 잇는 '초세대 협업 연구실'

일본이 기초과학 분야에서 지금까지 24명의 노벨상 수상자를 배출하며 뛰어난 학문적 업적을 성취하고 있는 배경에는, 메이지유신 때부터 이어온 대학의 '강좌제'라는 독특한 연구 제도가 있다. 교수가 은퇴할 때 가장 우수한 인재를 후계자로 지정해 연구실을 이어받도록 하는 제도다. 후배 교수는 선배 교수의 업적과 노하우를 승계하고, 그 위에 자신의 연구 결과를 축적하면서 연구를 이어간다.

한 사례로 2014년 일본에 노벨물리학상을 안겨준 청색 LED 연구를 들 수 있다. 일본 나고야대학교에서 1세대 아카사키 이사무赤崎勇 교수의 연구를 2세대인 아마노 히로시天野浩 교수가 이어 30여 년간 수행한 기초 연구의 결과다.

우리나라는 1962년에 1차 경제개발계획과 더불어 기술진흥계획을 세웠다. 1990년까지 과학 나무의 뿌리를 내리는 1세대, 2020년까지 과학 나무가 자라는 2세대로 볼 수 있다. 우리에게도 열매를 맺을 수 있는 3세대가 다가오고 있다. 그러나 세월이 흘러간다고 저절로 과학의 꽃이 피고 열매가 맺는 것은 결코 아니다.

우리나라 대학에서는 2세대가 은퇴하면서 연구실 문이 닫히고 있다. 30여 년 동안 쌓아온 연구 업적과 실험실 노하우가 하루아침에 사장되고 마는 것이다. 이들 가운데는 세계적 수준의 업적과 명성을 이룩한 학자가 적지 않지만, 그들의 연구가 제대로 계승되지 않아 금자탑을 계속 쌓아가지 못하고 있다. 훌륭한 과학 자산이 유실되는 것이니 국가 차원에서 큰 손실이자 과학 선진화에 걸림돌이 되고 있다.

이런 국내 현실을 직시하고 KAIST에 '초세대 협업 연구실'이라는 새로운 제도를 도입했다. 국제적인 연구 업적을 이룬 원로 교수와 창의적인 연구 능력을 갖춘 젊은 교수가 팀을 이뤄 세대를 뛰어넘는 협업 연구를 하는 제도다. 원로 교수는 큰 연구의 방향을 제시하고 연구비를 책임지며, 젊은 교수는 연구비 조달과 초기 실험실 구축에 대한 걱정 없이 연구에 집중하다가, 이후 원로 교수가 은퇴하면 연구실을 물려받아 계속 연구를 이어가는 제도다. 노벨상 수상자 및 세계 명문 대학교 총장으로 구성된 선정위원회에서 지금까지 총 6개 초세대 협업 연구실(시스템대사공학연구실, 음향마이크로유체연구실, 계산재료물리연구실, 촉매분자디자인연구실, 나노광학연구실, 바이오디자인공학연구실)을 선정해 운영하고 있다.

초세대 협업 연구실이 성공하기 위해서는 참여하는 교수들의 협업 연구 자세가 전제되어야 한다. 무엇보다도 원로 교수가 젊은 교수를 대등한 연구 동료로 대해야 한다. 주종관계로 인식해 연구 성과를 본인의 업적으로만 여긴다면, 이 제도는 무너진다. 젊은 교수는 창의적이고 참신한 연구 아이디어를 내면서 원로 교수의 업적을 계승·발전시켜야 한다. 연구에 아무 기여도 하지 않은 채 원로 교수의 명성과 업적에 무임승차하려 한다면, '순혈주의 병폐'라는 비난을 면하기 어려울 것이다.

KAIST는 우리나라 학문 1세대 시기에 최초의 연구 중심 대학으로 출범해, 척박한 대학 연구 환경에 바람을 일으키며 연구 분위기를 선도했다. 우리는 지금 학문 3세대를 맞이하고 있다. 아무쪼록 '초세대 협업 연구실'이 성공적으로 정착하고 파급돼, 선배들의 연구 업적이 대를 이어 계승·발전됨으로써 대한민국 과학의 꽃이 찬란하게 만개하길 희망한다.

창발적 아이디어 지원, '특이점 교수 제도'

대학에 신임 교수로 채용되면 부임 초기부터 매년 평가를 받는다. 이를 통해 승급, 승진, 영년직 부여 여부가 결정되기 때문에, 긴 연구 기간이 필요한 창의적이고 혁신적인 연구는 엄두도 못낸 채 임팩트가 별로 없는 연구 논문을 내기에 바쁘다. 학문적 '홈런'은 없고 생존을 위한 '안타'성 연구 결과를 내는 데 급급한 것이 우리나라 대부분 대학 교수의 연구 현실이다.

'특이점 교수 제도'는 도전적이고 창발적인 연구 아이디어를 가진 교수가 긴 호흡으로 연구에 매진할 수 있도록 장기간 지원하기 위해 KAIST에서 처음 도입한 제도다. 특이점 교수Singularity Professor로 선정되면 매년 평가 부담에서 벗어나 장기간 연구에 집중하도록 최장 20년간 연차 평가를 면제해준다. 또한 초기 5년은 연구비 걱정 없이 연구에만 몰입할 수 있도록 기관에서 충분한 연구비를 지원한다. 5년 정도 지나면 창발적 아이디어가 어느 정도 발현되어 외부 기관에서도 충분히 연구비를 수주할 수 있을 것이다.

특이점 교수 제도를 생각하게 된 계기가 있다. 수년 전 필자는 이스라엘 와이즈만연구소Weizmann Institute of Science를 방문했다.[21] 이스라엘 초대 대통령이자 유명한 화학자인 차임 와이즈만Chaim Weizmann 박사가 1949년 설립한 국립연구소로 물리, 수학, 컴퓨터과학, 화학, 생물 등 기초과학 분야의 교육과 연구를 추구하는 대학원 중심 연구소다. 250여 명의 교수, 1천여 명의 박사급 연구원, 1천여 명의 석박사 과정 학생을 포함해 총 2,700명 규모의 작은 연구기관이지만, 기초과학 분야에서 세계적인 명성을 자랑한다. 교수 1인당 논문 피인용 수에서 캘리포니아공과대학교, 하버드대학교 등 세계 최고의 대학들과 좌웅을 겨룬다. 2009년 노벨화학상을 수상한 아다 요니트Ada Yonath를 포함해 과학 분야 노벨상 수상자를 3명 배출했다.

당시 연구소장이던 다니엘 자즈프만Daniel Zajfman 박사에게 신임 교수를 유치할 때 지정해두는 전략 연구 분야가 있냐고 물었더니, "전략 분야가 없는 것이 전략"이라는 의외의 대답이 돌아왔다. 연구 분야보다는 과학자로서의 수월성을 우선시해 인재를 유치한다는 것이다. 분야에 상관없이 뛰어난 과학자를 유치해 그의 연구 분야가 세계적 경쟁력을 갖추도록 지원하는 전략을 택하고 있는 것이다. 유치한 과학자의 혁신적이고 창의적인 연구 과제에 100만~1,000만 달러 규모의 정착 연구비를 지원하고, 연구 기간은 최대 30년까지 보장한다고 했다. 연구 자율성을 최대한 부여해 이제껏 남들이 시도하지 않았던 도전적 연구를 수행하도록 하는 것이다. 우수한 과학자를 신뢰해 연구를 전폭적으로 지원하고 자율성을 최대한 보장하는 연구 환경이 와이즈만연구소 과학자들이 질적으로 높은 수준의 연구 결과를 내는 비결이었다.

KAIST에서는 특이점 교수를 선발하기 위해 국내외의 대표적 석학으로 선정위원회를 구성했다. 1년 이상의 엄격한 심사 과정을 거쳐 선정위원 전원이 만장일치로 추천한 2명의 특이점 교수를 선발해 지원하고 있다. '뇌 작동 기저 원리 규명'과 '비결정체 3차원 구조 분석'에 관한 창발적 연구 분야다.

다른 대학에서도 특이점 교수 제도를 과감하게 도입해 새로운 학문 분야를 개척하고, 인류의 난제를 해결하며, 기술을 비약적으로 발전시키는 등 파괴적인 과학기술 혁신 결과들이 나와 우리나라가 발명과 발견의 진원지가 되길 기대한다.

학문의 3세대가 필요한 노벨과학상

매년 10월이 되면 우리나라 과학자들은 쓸쓸한 시간을 보낸다. 국민들의 기대와는 달리 스웨덴 한림원에서 발표하는 노벨과학상 수상자에 한국 학자의 이름이 전혀 거명되지 않기 때문이다. 반면 일본은 지난 10여 년 동안 거의 매년 과학 분야 노벨상 수상자를 배출했다. 인접한 우리나라의 과학자들은 의기소침하지 않을 수 없다.

　과학 분야 노벨상 수상자 발표를 전후해 기자들로부터 연례행사처럼 받는 질문 2가지가 있다. "우리는 언제쯤 과학 분야에서 노벨상을 받을 수 있을까요?"와 "노벨상 수상에 가장 근접한 한국 과학자는 누굽니까?"다. 2가지 모두 대답하기 곤혹스러운 질문이다.

　경제 규모 세계 10위의 국력과 올림픽 7대 강국으로서의 국제적 위상을 고려해 이제 우리나라에서도 과학 분야 노벨상 수상자를 기대하는 국민적 바람은 충분히 이해가 간다. 그러나 노벨과학상은 올림픽 금메달 수상자나 국제 음악콩쿠르 우승자처럼 특기자를 조기에 발굴해 단기간의 집중 훈련으로 육성해서 탈수 있는 상이 아니다. 그런 방법으로 노벨과학상을 수상할 수 있다면 속전속결, 임기응변에 강한 우리 민족의 장점을 십분 살려 이미 여러 명의 수상자를 배출했을 것이다.

　노벨과학상은 새로운 분야를 최초로 개척해 그 분야가 발명 또는 발견의 진원지로 검증되었을 때 주는 상이다. 최근의 한 예를 들면, 2019년 노벨화학상은 리튬이차전지 분야에 주어졌다. 현재 리튬이차전지는 전기자동차 배터리 활용 등 기술적 파급효과로 인해 수많은 과학자가 활발하게 연구하고 있다. 그런데 노벨상은 최초로 리튬금속 이차전지를 발명한 요시노 아키라吉野彰 등 세 사람에게 주어졌다.

　우리나라에는 나노, 바이오 등 여러 분야에서 활발한 연구 업적을 통해 세계적인 명성을 얻은 과학자가 여럿 있다. 그러나 창의적인 아이디어로 최초의 연구를 해 학문의 진원지를 일군 과학자는 아직 없다. 그래서 노벨과학상 수상자를 아직 배출하지 못한 것이다.

과학 선진국의 예를 보면, 이런 학문의 진원지가 되기 위해서는 3세대에 걸친 학문의 세월이 필요함을 알 수 있다. 학문의 뿌리를 내리는 1세대, 뿌리에서 나무가 자라는 2세대, 그리고 나무에서 열매를 맺는 3세대다. 아무리 물을 많이 주고 영양제를 투입해도 뿌리와 나무가 자라는 세월을 뛰어넘어 열매를 맺을 수는 없는 것처럼, 학문 발전에 필요한 세대를 건너뛰어 뛰어난 결과가 도출될 수는 없다.

인도의 찬드라세카라 라만Chandrasekhara Raman(1930년 물리학상), 중국의 양전닝Yang Chen Ning(1957년 물리학상), 파키스탄의 압두스 살람Abdus Salam(1979년 물리학상), 이집트의 아메드 즈웨일Ahmed Zewail(1999년 화학상) 등은 학문의 세대가 쌓인 과학 선진국에서 태어나지 않았지만 자국의 학문 세대를 뛰어넘어 노벨과학상을 수상했다. 하지만 이들은 모두 학문의 열매를 맺을 수 있는 미국과 영국에서 연구를 수행했기에 노벨과학상을 수상할 수 있었다고 생각한다. 만약 자국에서 연구했더라면 결코 노벨상 수상의 영광을 누리지 못했을 것이다.

이웃 일본은 일찍이 19세기 말 메이지유신 시기에 서양 과학을 도입, 학문의 뿌리를 내려 이제 명실공히 열매를 맺는 3세대가 되었다. 학문의 한 세대를 30년으로 볼 때 통상 60년 이상이 흘러야 학문의 꽃을 피울 수 있다. 유카와 히데키湯川秀樹가

1949년 중간자 이론으로 일본에 첫 노벨과학상을 안겼다. 서구 과학을 받아들인 지 70여 년 만의 일이다. 2008년 노벨물리학상을 수상한 난부 요이치로南部陽一郎, 고바야시 마코토小林誠, 마스카와 도시히데益川敏英는 유카와 히데키나 도모나가 신이치로朝永振一郎 등 쟁쟁한 2세대 물리학자들의 3세대 직계 후손이다. 학문 3세대를 훌쩍 넘긴 일본은 물리, 화학, 생물, 기초의학 분야에서 2020년 기준 24명의 노벨상 수상자를 배출했다. 이 외에도 뛰어난 업적을 내고 있는 과학자가 각 분야에 즐비해 노벨과학상 수상자가 계속 나올 것으로 보인다.

우리나라도 이제 학문의 3세대에 진입하기 시작했다. 앞에서 살펴본 '초세대 협업 연구실', '특이점 교수 제도' 등을 활용해 최초로 시도하는 창의적 연구 분야를 긴 호흡으로 지원하면 머지않아 노벨과학상 수상자가 나와 국민들에게 과학 선진국의 자긍심을 안겨주리라 기대한다.

기술 기반
글로벌 스타트업 육성

우리나라의 산업구조는 대기업에 매우 편중되어 있다. 0.8퍼센트의 대기업이 수출의 67퍼센트를 차지하는 반면, 97퍼센트의 중소기업은 단지 17퍼센트를 담당하고 있다. 지난 반세기 우리나라는 대기업 주도 성장 전략을 펼쳤지만, 향후 산업구조의 안정성과 경쟁력을 강화하기 위해서는 기술 기반의 중소기업 육성이 절실하다. 특히 세계 시장을 지배할 글로벌 강소기업, 소위 '히든챔피언Hidden Champion'의 육성이 국가적으로 매우 중요하다.[22] 우리나라 전체 연구비당 기술이전이나 공공기관 기술창업 수를 살펴보면, 미국이나 유럽연합에 비해 약 3분의 1에 불과하다.

독일에는 1,300여 개의 히든챔피언이 있는데, 우리나라에는 이런 강소기업이 독일의 10분의 1 수준에 미치지 못한다. 스타

사업체 수   수출액

0.8	대기업	66.6
2.0	중견기업	16.3
97.1	중소기업	17.1

출처: 관세청 · 통계청 2019년 12월 기준 기업특성별 무역통계

트업 기업이 기술 기반의 강소기업으로 성장하려면 글로벌 경쟁력을 갖춘 기술을 보유하고, 글로벌 자본의 투자를 유치하고, 세계 시장을 개척할 수 있어야 한다.

창업 국가 이스라엘의 성공 요인

기술 기반 글로벌 스타트업 육성에서 가장 앞서가는 나라는 '창업 국가Startup Nation'로 불리는 이스라엘이다. 2020년 기준 6,600여 개의 스타트업이 있고, 이중 30개가 기업가치 10억 달러 이상인 유니콘 기업이다. 미국 나스닥에 상장한 창업 기업이 98개로, 유럽연합 국가 전체보다 많다.

2년 전 모 언론사 주최로 에후드 올메르트Ehud Olmert 이스라엘

전 국무총리와 대담할 기회가 있었다. 그는 창업 국가를 구현하는 데 있어 정부에서 리더십을 발휘한 대표적인 인사다. 그와의 대담을 통해 이스라엘이 세계적 창업 국가라는 위상에 오른 5가지 성공 요인을 엿볼 수 있었다.

첫째, '후츠파Chutzpah' 정신이다. '담대함' 또는 '저돌적'이라는 뜻의 이 말은 이스라엘 민족 특유의 불굴의 도전정신을 상징한다. 이스라엘 기업가정신의 근간이 바로 이 후츠파 정신이다.

둘째, 글로벌 기술 개발이다. 이스라엘은 인구 880만 명의 작은 나라이기 때문에, 처음부터 자국뿐 아니라 세계 시장을 염두에 두고 기술을 개발한다.

셋째, 기초과학 중심의 연구다. 파괴적 기술 혁신은 기초과학에서 나온다는 확고한 철학을 갖고 있다.

넷째, 국내외의 긴밀한 네트워크다. 과학 영재 군대 복무 제도인 '탈피오트Talpiot'를 통해 국내는 물론이고, 미국 실리콘밸리 등 외국과도 긴밀한 네트워크를 구축했다. 이것이 바로 이스라엘 기술이나 스타트업이 고가로 외국에 매각되는 비결이다. 대표적인 예로, 히브리대학교 암논 샤수아Amnon Shashua 교수가 창업한 스타트업 '모빌아이'는 2017년 인텔에 154억 달러에 매각되었다.

다섯째, 창업 국가의 비전을 가지고 민간의 창업을 적극 지원하는 국가 정책이다.

와이즈만연구소는 기초과학 중심이지만 기술이전 및 창업 또한 활발한 이스라엘의 대표적 연구기관이다. 이 연구소의 연구 결과를 활용한 기업의 총 매출액이 연 30조 원에 이른다. 이로부터 연구소가 거둬들인 연간 기술료가 1천억 원을 상회한다. 우리나라의 정부 출연 연구소 총 기술료 수입보다 큰 규모다. 특히 제약 분야에서는 전 세계에서 가장 많이 팔리는 25개의 신약 중 관절염 치료제 '엔브렐', 백혈병 치료제 '글리벡' 등 7개가 와이즈만연구소의 기초 연구 결과를 기반으로 개발되었다. 더욱 놀라운 사실은, 교수의 직접 창업을 금지하고 있음에도 불구하고 이 연구소의 기술을 기반으로 창업한 스핀오프 기업이 70개에 이른다는 점이다.

와이즈만연구소가 세계적인 기초 연구 명성과 기술사업화의 뛰어난 성과를 동시에 누리고 있는 비결은 무엇일까? 무엇보다 중요한 점은 그들이 응용성을 염두에 두지 않고 철저하게 기초 연구를 추구한다는 것이다. 응용 연구는 점진적 기술 혁신은 가져오지만 근본적 돌파형 기술 혁신은 기초 연구를 통해서만 가능하다는 신념을 가지고 기초 연구에 올인하고 있다.

다발성 경화증 치료제 '코팍손'의 개발이 한 가지 예다. 이 연구소의 루스 아논 교수 팀은 1966년 다양한 폴리머 분자들을 합성한 다중폴리머에 대한 연구를 시작했다. 당시 화학 분야에서는 새로운 기초 연구 분야였는데, 연구 과정에서 특정한 다중폴리머가 경화증 치료에 효과가 있음을 우연히 발견해, 1996년 관련 기술을 이스라엘 제약회사 테바에 이전해 코팍손을 탄생시킨 것이다. 응용성을 전혀 염두에 두지 않았던 기초 연구가 30년 후 글로벌 블록버스터 신약의 토대가 된 것이다.

한편 연구 결과를 기술사업화로 연결하는 전문 기술이전 회사 '예다'가 있다. 연구와 사업은 다른 능력이 필요하다는 인식 아래 과학자는 연구에만 전념하도록 하고, 기술사업화는 예다가 전적으로 책임지고 있다. 예다에는 국제적 감각을 갖춘 20여 명의 직원이 있어 특허 출원, 기술이전, 창업 지원, 자금 융자 등의 업무를 일사불란하게 진행한다. 과학자는 연구에만 전념하고, 개발된 기술은 이들 전문 조직을 통해 사업화로 연결하는 체계가 유기적으로 구축된 것이 와이즈만연구소 기술사업화 성공의 비결인 것이다.

창업 성공의 지름길, 기술출자 기업

우리나라는 2020년 기준 특허협력조약Patent Cooperation Treaty, PCT 국제 특허 출원 건수가 20,660건으로 세계 4위다. 미국 특허 등록 건수는 24,646건으로 세계 3위다. 양적인 면에서는 명실공히 특허 4대 강국이다. 문제는 많은 특허가 활용되지 못하고 있는 '휴면 특허'라는 것이다. 특허청 조사 결과에 의하면, 국내 특허 14만 건 중 활용되는 건수는 57퍼센트다. 미활용 건수가 43퍼센트에 이르는 것이다. 특히 대학과 정부 출연 연구소의 경우 특허 활용 건수는 3분의 1에 불과하다.[23]

특허의 기술사업화는 통상 기술이전, 연구자 직접 창업, 기술출자 기업 등 3가지 유형으로 진행된다. 기술이전은 절차가 간편해 발명자들이 선호하지만, 기술을 이전받는 국내 기업의 80퍼센트가 중소기업이라 인력과 기술력 부족으로 인해 사업화가 지지부진하다. 우리나라 공공기관당 기술창업 수는 0.6건으로 미국의 16퍼센트, 유럽연합의 32퍼센트 수준이다. 교수나 연구원의 직접 창업은 현재까지 2,500여 건에 이르지만, 자금 및 경영 능력 부족으로 대부분 지리멸렬한 상황이다.

반면, 기술출자 기업Technology In-Kind Investment Company은 연구자와 경영자가 협업하는 이상적 창업 모델이다. 대학이나 출연 연구소가 보유한 기술을 가치평가해 현물로 20퍼센트 이상 출자하고 투자자가 현금을 투자해 경영을 맡는 방식으로 운영된다. 기술출자 기업이 출범하면 '연구개발특구 육성에 관한 특별법' 등 관련 법에 의해 법인세 면제 등 여러 지원을 받을 수 있다.

기술출자 기업의 대표적인 성공 사례는 원자력연구소가 개발한 기술로 창업한 1호 기술출자 기업 콜마비앤에이치로, 기업 등록 7년 만에 매출 1천억 원을 달성했다. 현재는 매출 1조 원 기업이 되었다. 이렇듯 단기간에 기업 성장이 가능했던 것은 출연 연구소의 우수한 원천 기술에 민간 기업의 자본과 비즈니스 마케팅 역량이 접목되고, 또한 정부가 세제 혜택 등을 제공했기 때문이다. 기술출자 기업은 연구자 직접 창업에 비해 매출액 면에서 4배, 고용 창출에서 2배 정도 높은 성과를 낸다.

기술출자 기업을 좀 더 활성화하기 위한 몇 가지 보완책이 필요하다. 첫째, 기술과 비즈니스의 효과적 연결 메커니즘이 구축되어야 한다. 이를 위해 창조경제타운, 산학협력센터 등을 통해 기업이 필요로 하는 정보를 시의적절하게 제공해야 한다. 대학이나 출연 연구소가 '오픈이노베이션 행사' 등을 통해 기업의 CEO 및 연구원들을 초청하는 등 정보 교류의 장을 능동적으로 마련할 필요도 있다. 또한 기술과 비즈니스를 전문적으로 연결해주는, 글로벌 역량을 갖춘 기술중개사Technology Liaison Officer도 육성해야 한다.

둘째, 기술출자 기업의 빠른 성장을 위한 혁신 생태계를 조성해야 한다. 이를 위해 연구개발특구본부에서 엔지니어링, 마케팅, 금융, 특허 등에 대한 원스톱 토털 서비스를 제공해야 한다. 대학 및 출연 연구소에서는 우수 인력 및 멘토링 역할을 제공하고, 대기업은 글로벌 시장 진출을 도와주어야 한다.

셋째, 마지막으로 현재 기술출자 기업들이 겪고 있는 성장 저해 요인을 해소해야 한다. 예를 들어, 발명자의 기술출자 기업 파견 근무 제도를 활성화함으로써 기업이 기술을 흡수하고 개발하는 데 직접 도움을 줄 필요가 있다. 또한 대학 및 출연 연구소가 현물 출자를 통해 지분을 20퍼센트 이상 확보해야 기술출자 기업으로서 등록과 존속이 가능한 규정을 개정해야 한다. 등록 시점에만 20퍼센트를 유지하도록 하고 이후에는 외부 출자를 더 받아 기업이 성장할 수 있도록 조건을 완화해주는 것이다. 한편 제품의 초기 시장 진입을 지원하기 위해, 출연 연구소 및 공공기관이 자발적으로 '테스트 베드Test Bed'가 되어 제품을 우선 구매하고 활용하는 프로세스를 마련할 필요가 있다.

이와 같은 보완책들이 잘 구현된다면 기술출자 기업은 기술창업 성공의 지름길이 될 수 있다. 2021년 기업가치 10억 달러의 유니콘 기업은 전 세계 703개인데, 미국(371)과 중국(138) 두 나라가 72.4퍼센트를 차지하고, 우리나라는 크래프톤을 포함해 총 10개뿐이다. 성공적인 기술출자 기업 운영을 통해 기업 이윤을 신기술 창출과 창의적 인재 양성에 다시 투자하고, 새로 개발된 기술을 기술출자 기업에 또 투입하는 선순환 구조를 이룬다면, 유니콘 기업 배출이 더욱 활성화되고, 나아가 기업가치 100억 달러의 데카콘Decacorn 기업도 배출할 수 있을 것이다.

기업가정신 대학 육성

기술 기반 스타트업 활성화를 위해서는 근본적으로 우리나라 대학 교육이 변해야 한다. 원래 대학 본연의 역할은 교육, 즉 지식을 전달하는 것이다. 20세기 초부터 여기에 연구 기능이 추가되어 지식을 창출하는 역할을 본격적으로 하게 되었는데, 이것이 대학의 1차 혁명이다. 20세기 중반부터는 지식의 경제적 부가가치 창출이 대학의 또 다른 중요한 역할로 부상했다. 이때부터 기업가정신Entrepreneurship 교육이 매우 중요해지면서 대학의 2차 혁명이 일어났다.

미국의 스탠퍼드대학교가 세계에서 가장 먼저 기업가정신 교육을 도입했다. 1930년대 스탠퍼드대학교 전자공학과 프레더릭 터먼Frederic Terman 교수가 대학의 기업가정신 교육과 창업의 중요성을 강조하면서, 자신의 제자인 빌 휴렛Bill Hewlet과 데이비드 패커드David Packard에게 1천 달러를 주며 창업을 장려했다. 두 사람은 창고에서 작은 기업을 시작했고, 이것이 후에 세계 굴지의 컴퓨터 회사 휴렛패커드로 성장하게 되었다.

스탠퍼드대학교에서 이런 기업가정신 교육을 받은 졸업생이 창업한 기업이 이미 4만여 개에 이르고, 이들 기업의 연매출을 합하면 2조 7천억 달러에 달한다. 우리나라 1년 GDP의 약 1.5배에 이르는 엄청난 액수다. 이 과정에서 창출된 일자리가 무려 540만 개나 된다. 오늘날 실리콘밸리가 세계적인 기술산업단지가 된 데는 기술 기반 스타트업의 요람이 되어준 스탠퍼드대학교의 역할이 컸다고 생각한다. 한편 MIT 졸업생이 설립한 회사는 2만 5천여 개에 이르며, 이 회사들이 330만 개의 일자리와 2조 달러의 연매출을 창출하고 있다.

몇 해 전 칼텍Caltech(캘리포니아공과대학교)의 장루 차모Jean-Lou Chameau 총장을 만났다. 칼텍은 전형적인 상아탑 대학으로, 특히 기초학문을 중시하며, 연구 측면에서 세계 대학 순위 1~2위를 차지하고 있다. 그런데 그동안 기업가정신 교육을 전혀 하지 않던 칼텍조차 기업가정신을 본격적으로 교육할 것이라고 했다. 칼텍 졸업생이 대부분 학계에서만 활동하고 기업 CEO는 거의 없어 대학 교육 정책을 수정하게 되었다는 것이다.

대구경북과학기술원DGIST의 초대 총장을 역임한 필자는 대학 설립 초기부터 기업가정신 교육을 중요한 교육 축으로 삼았다. 기업가정신 교육을 통해 학생들에게 경제적 부가가치 창출 능력과 도전정신을 심어주고자 했다. 이를 위해 기술창업교육센터를 설립해서 기업가정신을 함양하고 창업 자질을 연마하는 다양한 교육 프로그램을 운영했다.

창업사관학교로 알려진 KAIST는 동문들이 설립한 스타트업이 네이버, 넥슨, 크래프톤, 인바디 등 현재 1,200여 개에 달한다. 이들 기업의 연매출액은 약 13조 6천억 원에 이르고, 4만 5천여 명의 고용을 창출하고 있다. 지난 50년간 KAIST에 지원한 정부 예산이 약 4조 2천억 원임을 고려하면, 창업 하나만으로도 KAIST는 투자회수율이 높은 성공한 국가 프로젝트라 할 수 있다. 그러나 스탠퍼드대학교, MIT 등 미국의 대표적인 대학에 비하면 매우 미미한 수준이기에 창업 활성화를 위한 기업가정신 교육 및 창업 교육이 더욱 강화되어야 한다.

KAIST는 다음 반세기를 위해 '글로벌 가치 창출 선도 대학 Global Value-Creative Leading University'을 새로운 비전으로 정했다. 대학에서 학문적 가치와 기술적 가치를 창출할 뿐만 아니라, 새로운 경제적 가치를 창출하고자 하는 것이다. 이를 위해 KAIST는 전통적인 '지식의 상아탑' 기능과 더불어 기술사업화를 중시하는 '기업가정신 대학'을 지향하며 교수 및 학생들의 창업을 적극 장려하고 있다. 기업가정신 대학의 핵심은 과학기술 연구의 성과가 논문과 특허 창출에만 머물지 않고 기업에 기술을 이전하거나 기술창업 등을 통해 경제적 가치 창출을 극대화하는 것이다.

기술사업화를 가속화하기 위한 새로운 인재 양성 방법론으로 '3중나선Triple Helix 교육 모델'을 대학에서 구현할 것을 제안한다.

교육과 연구와 기술사업화가 어우러진 인력을 양성하자는 것이다. 산업 현장의 문제를 대학에서 해결하기 위해 교육과 연구를 병행하고, 연구 성과를 기업에 전달해 기술사업화로 연결하는 방법이다.

한 예로, 모 기업에서 요청한 '반도체 공장 자동물류 시스템'을 KAIST에서 개발해 기업에 제공했다. 기업으로부터 시스템 개발을 의뢰받은 교수가 과제 수행에 필요한 AI 및 빅데이터 기술을 과제에 참여한 학생들에게 교육하면서 이들과 함께 연구를 진행했고, 그 성과를 기업 현장에 성공적으로 적용한 것이다.

세계적인 창업 국가, 세계적인 창업 도시에는 항상 이공계 중심 대학이 있다. 미국 보스턴에는 MIT가 있고, 실리콘밸리에는 스탠퍼드대학교가 있다. 이스라엘에는 테크니온이스라엘공과대학교가 있고, 스위스에는 취리히연방공과대학교가 있다. 한국에서는 KAIST를 위시해 이공계 특화 대학들이 혁신 대학으로서 기술 기반 스타트업 육성의 중추적 역할을 담당해야 한다.

■ 교육·연구·기술사업화가 융합된 3중 나선 교육 모델 ■

혁신 클러스터 조성

실험실에서의 연구 결과가 사장되지 않고 바로 기업에 전달돼 경제적 부가가치를 창출하고, 기업의 수익이 다시 연구개발로 재투자되는 선순환을 촉진하기 위해서는 혁신 클러스터가 조성되어야 한다. 우리나라는 '연구개발특구'라는 이름의 혁신 클러스터를 지정해왔다. 지금까지 2005년 대덕특구, 2011년 대구특구와 광주특구, 2012년 부산특구, 2015년 전북특구가 지정되어 각종 세제 혜택과 연구개발 자금을 지원받고 있다.[24]

클러스터에는 통상 3가지 구성 주체가 있다. 비전 제시자인 대학·연구소, 시스템 통합자인 대기업, 전문 공급자인 벤처기업 및 중소기업이다. 대덕특구나 미국 샌디에이고 바이오클러스터는 연구소나 대학이 비전 제시자 역할을 맡아 클러스터의 핵심 역할을 하고 있다. 전형적인 대학·연구소 주도형 클러스터다.

한편 대구특구에는 DGIST 등 8개 대학이 있고, 정부 출연 및 기업 연구소도 200여 개 있다. 또한 대구경북권에 근로자 10인 이상의 제조업체가 7,800여 개나 있어, 비전 제시자와 전문 공급자가 주도하는 클러스터 환경이다.

반면 미국의 실리콘밸리나 프랑스의 소피아-앙티폴리스 사이언스파크는 3가지 주체가 함께 핵심 역할을 하면서 세계적인 혁신 클러스터로 명성을 얻고 있다.

우리나라의 연구개발특구가 세계적인 클러스터로 도약하기 위해서는 어떤 발전 전략이 필요할까?

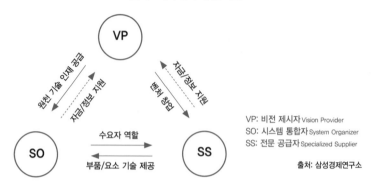

■ 클러스터 구성 주체 및 역할 ■

VP: 비전 제시자 Vision Provider
SO: 시스템 통합자 System Organizer
SS: 전문 공급자 Specialized Supplier

출처: 삼성경제연구소

첫째, 혁신 생태계 활성화가 시급하다. 이를 위해 비전 제시자의 아이디어를 사업화하는 과정에서 필요한 기술, 특허, 경영, 자금 등을 총체적으로 일사불란하게 지원해주는 원스톱 토털 서비스 시스템이 구축되어야 한다. 아울러 우수한 연구개발 및 산업체 인력을 유치하기 위한 수준 높은 교육, 의료, 문화시설 등을 겸비한 정주 여건을 조성할 필요가 있다.

둘째, 기술출자 기업을 활성화해야 한다. 대학·연구소의 기술과 기업의 자금 및 경영 노하우가 융합된 창업을 하는 것이다. 대덕특구에서 교수와 연구원에 의한 직접 창업이 실패한 경험을 반복해서는 안 된다. 이런 실패는 기업 경험이 전무한 연구자들이 무모하게 경영에 뛰어든 데서 비롯됐다. 평소 존경받던 원로 과학자 한 분이 기술창업을 하다 수백억 원의 돈을 잃고 나서 하신 말씀이 아직 뇌리에 생생하다.

"비싼 수업료를 내고 깨달은 사실은 과학자는 연구개발에만 전념해야지, 경영까지 맡아서는 안 된다는 것이다."

이런 이유로 필자는 총장 재임 당시 교수와 연구자의 직접 창업보다는 기술출자 기업 형태의 기술사업화를 장려했다.

기술출자 기업을 좀 더 활성화하기 위해서는 전문성을 갖고 기술과 비즈니스를 연결해주는 '기술이전 사무소TLO'나 '기술이전 회사TTC'가 특구 내에 있어야 한다. 이스라엘이 노벨상 수상자를 10명이나 배출한 기초과학 강국이면서 동시에 유럽연합 전체 국가보다 많은 나스닥 상장 벤처기업을 보유한 벤처 창업 국가인 이유가 있다. 와이즈만연구소의 예다나 히브리대학교의 이숨 같은 전문 기술이전 회사가 존재하기 때문이다.

셋째, 마지막으로 철저하게 글로벌화를 지향해야 한다. 이제 대기업은 물론이고 벤처기업도 세계적인 경쟁력이 없으면 생존하기 어렵다. 따라서 인력 및 기술 확보, 시장 개척에서 우리나라를 뛰어넘어 과감한 글로벌 전략을 추구해야 한다. 특히 외국인과 외국 기업이 특구에 잘 적응할 수 있도록 관용적 문화 및 환경 조성이 필요하다. 이를 위해서는 특구본부가 글로벌화의 교두보 역할을 해야 한다.

산·학·연의
협업적 혁신

지금까지 우리나라의 경제발전은 요소 투입형 전략에 근거했다. 주력 산업에 필요한 요소 기술이나 자원을 적재적소에 투입해 제품 생산의 효율성을 높임으로써 경제발전을 이뤄 1인당 국민소득 3만 달러에 이르렀다. 그러나 이런 발전 전략으로 국민소득 5만 달러 국가로 도약하기에는 한계가 있다. 이제 혁신 주도형 전략으로 과감하게 전환해야 한다.

혁신 주도형 전략이란 무엇인가? IBM CEO를 10년간 역임한 새뮤얼 팔미사노Samuel Palmisano의 정의를 빌리자면, "기술적 발명과 비즈니스 통찰력이 결합해 사회적·경제적 가치를 창출하는 전략"이다. 따라서 혁신 주도형 전략이 성공하기 위해서는 기술적 발명의 주체와 비즈니스 통찰력의 주체 사이의 연계가 중요하다. 통상 대학과 연구소가 기술적 발명의 주체이고, 기업이 비즈니스 통찰력의 주체다. 이런 관점에서 혁신 주도형 전략이 성공하려면 산·학·연이 긴밀하게 연계해야 한다.

미국이나 일본은 산·학·연의 관계가 매우 긴밀한 데 비해 우리나라는 아직 그렇지 못하다. 클러스터의 세계적 벤치마킹 모델로 여겨지는 실리콘밸리의 경우, 가장 중요한 성공 요인으로 다양한 구성 주체들의 격의 없는 협력 네트워크가 한결같이 언급되곤 한다. 선진국에서는 박사급 고급 연구인력이 대학, 연구소, 산업체에 고루 분포되어 있는 반면, 우리나라는 대학과 정부 출연 연구소에 편중되어 있다. 결과적으로 산·학·연의 연계 부족은 우리나라가 혁신 주도형 성장 전략을 추구하는 데 큰 걸림돌이 되고 있다.

산·학·연 협업의 기술 혁신, 사업화와 재투자의 선순환 구조 확립을 통한 혁신 주도형 발전 전략이 국가 경제성장에 매우 중요하다. 기초 연구 결과가 기업에서 첨단 제품으로 생산되기까지는 응용 연구와 상용화 연구를 거쳐야 한다. 일반적으로 대학에서는 기초 연구를, 연구소에서는 응용 연구를, 기업에서는 제품 개발을 위한 상용화 연구를 한다. 따라서 이들 3가지 주체 간의 긴밀한 협업적 체계 구축이 새로운 기술을 재빨리 사업화하는 데 매우 중요하다.

우리나라는 산·학·연 간 지식을 이전하는 정도가 세계 25위 정도로 낮다. 독일의 경우 막스플랑크연구소는 기초 연구, 프라운호퍼연구소는 응용 연구로 역할이 분담되어 있다. 기초 연구가 응용 연구와 상용화 연구를 거쳐 제품화되기 위해서는 그동

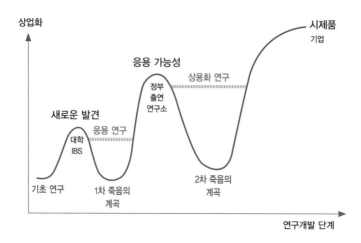

■ 기초·응용·상용화 연구 단계 ■

상업화

시제품
기업

응용 가능성
상용화 연구

정부
출연
연구소

새로운 발견

대학
IBS
응용 연구

기초 연구

1차 죽음의
계곡

2차 죽음의
계곡

연구개발 단계

안 '악마의 강'도 지나고 '죽음의 계곡'도 건너야 한다. 이 3단계의 연구를 한 조직이 다 하는 것은 불가능하다. 아예 처음부터 산·학·연이 협업하는 것이 연구의 효율성과 가속성을 위해 바람직하다.

산·학 협력의 성공적인 사례로 일본의 청색 LED 개발 및 상용화를 들 수 있다. 청색 LED는 나고야대학교의 아카사키 이사무 교수와 제자 아마노 히로시 교수가 질화갈륨GaN LED를 30년간 연구한 결과물이다. 이 연구의 상용화는 니치아화학에서 이루어졌다. 니치아화학 오가와 노부오 회장은 기초 연구의 중요성을 인식하고 20여 년간 나카무라 슈지를 비롯한 소속 연구원들에게 기초 연구를 기반으로 상용화 연구를 할 수 있도록 지원했다. 그 결과가 2014년 노벨물리학상의 영광을 안겨주었다.

아카사키 교수는 니치아화학에서 상용화 연구가 없었다면 자신의 연구는 단순한 기초 연구로 끝났을 거라고 이야기한다. 나카무라 연구원은 만약 기초 연구에 대해 자신이 진작부터 잘 알지 못했더라면 이런 성과는 나오지 않았을 것이라고 말한다. 이렇듯 처음부터 대학과 산업체가 긴밀한 산·학 협력을 통해 같이 연구를 하는 것이 중요하다. 바로 이런 산·학 협력 분위기가 우리나라에 매우 필요하다.

이런 점에 주목해 DGIST 총장 재임 당시 'DGIST 오픈 이노베이션' 행사를 수시로 개최해 지역 기업들과 협업적 혁신 체계를 구축했다. 이 행사에서는 지역 특화 산업의 CEO 및 연구원을 초청해 DGIST의 연구개발 결과를 소개하고 사업화를 논의했다. 이를 통해 기술이전, 기술출자 회사 출범, 공동 연구 등 지역 산업체와의 많은 협력이 이루어졌다.

협업을 위한 정부 출연 연구소의 새로운 위상 정립

우리나라의 정부 출연 연구소는 한국원자력연구원KAERI(1959)과 한국과학기술연구원KIST(1966)의 출범을 시작으로, 현재 국가과학기술연구회NST 산하에 25개가 있다. 이 연구소들은 우리나라가 농업사회에서 산업사회로 변신하기 위한 과학기술 인프라를 구축하고 발전시키는 데 중추적인 역할을 했다. 또한 산업체에 필요한 기술을 직접 개발해 국가 산업 경쟁력 제고에 기여했다.

한국표준연구원은 표준 과학기술 확립을 통해 국가 표준 체계를 확립했고, 한국원자력연구원은 원자력 기술 발전을 통해 세계 5대 원자력 수출 국가로 도약하는 데 기여했다. 우리나라 이동통신 산업의 세계적 경쟁력에는 전자통신연구원ETRI의 CDMA 기술 개발이 지대한 역할을 했다.

그러나 국민소득 300달러 수준의 초기 산업사회에서 출범한 정부 출연 연구소의 위상과 역할에 안주할 수 있는 시대는 지나갔다. 과거와 같은 역할만으로는 정부 연구개발 예산의 약 40퍼센트를 사용하는 정부 출연 연구소의 존재가치를 더 이상 주장할 수 없다. 그렇다고 몇 개 연구소를 대학 또는 다른 연구소와 통폐합해 문제를 해결하려고 해서는 안 된다. 문제의 본질을 간과한 채 겉모습만 건드리는 일시적 처방책으로는 전시행정의 병폐에 빠지기 쉽다. 자칫 잘못하면 지난 1981년 KAIST와 KIST의 급작스러운 물리적 통합으로 두 기관이 8년간 서로 상처만 남긴 채 다시 별거하게 된 우를 또다시 범할 수 있다.

미래지향적 해법을 찾기 위해서는 초일류 국가를 지향하는 시대 상황에서 정부 출연 연구소의 위상과 역할을 재정립할 필요가 있다. 새로운 위상 정립에 있어서 고려해야 할 대전제가 있다. 바로 민간 기업 연구소와의 차별화다. 1970~80년대 정부 출연 연구소는 우리나라 기업의 빠른 추격 전략을 뒷받침하기 위한 응용 및 상용화 연구에 치중했다. 그러나 이제는 대부분의 대기업이 응용 및 상용화 연구를 독자적으로 수행할 수 있는 단계가 되었다. 민간 기업의 연구개발 투자비가 연간 80조 원으로, 정부 연구개발비의 4배 규모다. 연구인력도 1977년 당시

3,900명에서 2019년 기준 약 40만 명으로 증가했다. 40년 사이에 100배나 급증한 것이다. 이 기간에 정부 출연 연구소의 연구 인력은 4천 명에서 4만 명으로 증가했으니, 기업 연구원의 10분의 1 규모다.

따라서 정부 출연 연구소는 이제 추격 전략의 응용 및 상용화 연구는 기업에 맡기고, 미래지향적 선도 단계 연구를 통해 연구 개발의 비전 제공자가 되어야 한다. 새로운 발명과 발견의 진원지 역할을 함으로써 국민들에게 우리나라 과학기술에 대한 자긍심과 꿈을 줄 수 있어야 한다.

미국 우주항공 연구를 책임지고 있는 NASA는 미국인에게 우주 개발에 대한 꿈을 심어줌으로써 미국의 건국정신인 프런티어 정신을 이어가고 있다. 구소련이 개발한 세계 최초의 인공위성 스푸트니크 발사에 맞서 1961년 케네디 대통령이 제안한 아폴로계획을 성공시켜 미국인의 자존심을 세워주면서 본격적으로 우주 개발을 시작했다. 미국 국립보건원NIH은 암, 에이즈, 치매 등 불치병을 정복하려는 인류에게 꿈을 심어주고 있다. 우리나라도 새 정부가 출범할 때 국민들에게 꿈을 줄 수 있는 '과학기술 대통령 프로젝트'를 제시하는 것은 초일류 국가를 지향하는 시기에 매우 의미 있는 일이 될 것이다.

정부 출연 연구소가 새로운 시대에 걸맞은 변신을 하지 않으면, 우수한 젊은 연구자들이 연구소를 외면할 것이다. 사실 이것이 가장 큰 문제다. KIST 출범 당시 가장 뛰어난 인재들이 연구소를 택했다. 그러나 지금은 정부 출연 연구소가 젊은 연구자들에게 매력을 잃어가고 있다. 창의적인 연구 과제를 수행하는 우수한 연구자들이 기회만 있으면 대학이나 기업으로 빠져나간다. 이대로 가다가는 정부 출연 연구소는 노목이 되어 고사할 수밖에 없다. 이는 연구소에 몸담고 있는 연구원들의 생존에 심각한 위협이 될 뿐 아니라 국가적으로 매우 큰 문제다.

우리나라가 선진국 경제 규모에 이르더라도 정부 출연 연구소의 국가적인 역할이 분명히 있음을 미국, 독일, 프랑스 등 과학 선진국 국립연구소의 사례에서 확인할 수 있다. 정부 출연 연구소는 과학기술계의 비전 제공자로서 새로운 위상을 정립해야 한다. 그러면 대학 및 산업체와의 상생적 협업이 자연스럽게 이루어질 것이다. 이를 위해서는 정부 출연 연구의 패러다임이 다음과 같이 바뀌어야 한다.

첫째, 당장의 경제적 이윤은 없지만 국가적 차원에서 긴요한 공공복지 연구가 강화되어야 한다. 에너지, 의료 및 건강, 우주, 표준 분야 등 초일류 국가 진입을 위해 국가적으로 필요하지만 민간 기업이 감당하기에는 부담이 되는 분야의 연구를 담당해야 한다.

둘째, 대학과의 차별화를 위해 대학이 감당하기 힘든 대형 융합 연구를 해야 한다. 21세기 4차 산업혁명 시대의 새로운 과학적 발견과 기술의 부가가치 창출은 초학제 융합 분야에서 주로 나오게 될 것이다. 작은 규모의 융합 연구는 대학에서 수행할 수 있지만, 대형 융합 과제는 정부 출연 연구소 중심으로 이루어져야 한다.

셋째, 지금까지의 응용 연구를 지양하고 도전적이고 창의적인 분야의 기초 원천 연구를 수행해야 한다. 이를 위해서는 그동안 응용 연구에 익숙해 있던 관성에서 벗어나는 기간이 필요하다. 새로운 연구 분위기를 가속화하려면 국내외적으로 저명한 학자들을 초빙해 연구실을 맡기는 것이 바람직하다. 연구소의 우수한 연구원들이 대학으로 빠져나간다고 아쉬워하지 말고, 대학의 우수한 교수들을 과감하게 연구소에 유치하는 역발상을 할 필요가 있다.

일본의 이화학연구소理化學研究所가 세계적인 명성을 얻게 된 것은, 1980년대 연구실의 책임 연구원을 전 세계에서 스카우트해 독창적 아이디어의 연구 과제를 지원한 덕분임을 상기할 필요가 있다. 일본 산업기술총합연구소AIST 내에 일명 '도쿠라 연구실'이 있다. 미래 정보 처리 물질로 알려진 강유전체 연구의 세계적 학자인 도쿄대학교 도쿠라 요시노리 교수를 위해 AIST가 제공한 연구실이다. 그를 유치함으로써 AIST는 단기간에 강유전체 연구에서 세계적인 명성을 얻었다.

정부 출연 연구소가 위와 같은 연구 방향으로 정착하기 위해서는 연구원들의 연구소 근무 철학이 바뀌어야 한다. 대학 교수로 부임하지 못한 사람이 차선책으로 연구소를 택한다는 식의 인식과 분위기에서 탈피해야 한다. 대학의 교육 및 학사행정 등 여러 잡무에 방해받지 않고 연구에 전념하고 싶어 하는 사람이 연구소를 선택해야 한다. 반면 자신의 연구도 중요하지만 후학 교육에도 가치를 두는 과학자가 대학을 택해야 한다. 외국 선진

연구소의 경우 대학의 스카우트 제의가 있어도 연구원으로 남는 경우가 많다. 우리나라에서도 이런 연구원들이 점점 늘어나야 정부 출연 연구소에 희망이 있다.

정부 출연 연구소의 연구원들이 안정적으로 연구에 전념하기 위해서는 현재의 연구과제중심 제도Project Base System, PBS를 개선할 필요가 있다. PBS는 연구원들의 경쟁을 유발하는 긍정적인 효과가 있지만, 연구원 인건비의 대부분을 연구 과제에 의존해서 확보해야 하는 현재의 체제는 연구원들이 연구비 수주에 급급해 정작 연구에는 전념하지 못하게 만드는 문제가 있다. 연구원 인건비의 대부분을 정부가 지원하는 것이 바람직하다. 특히 국가과학기술자로 선발된 연구원에 대해서는 정부가 인건비의 100퍼센트를 보장해, 경제적인 부담 없이 연구에 전념할 수 있는 환경을 조성해주어야 한다. 아울러 연구원 연금 제도를 도입해 국가과학기술자로 인증받은 연구원은 은퇴 후 사학연금에 준하는 연금을 받을 수 있도록 해야 한다.

정부 출연 연구소 운영에 있어 선진화해야 할 중요한 점이 기관 운영 평가 제도다. 현재 기관 평가는 기관장 임기인 3년 단위로 시행되고 있다. 앞으로 연구소가 비전 제공자로서 글로벌 선도 연구를 수행하기 위해서는 장기적인 연구 기간이 필요하다. 게다가 각 연구소의 특성에 부합하는 전문성을 갖춘 평가위원이 국내에 그렇게 많지 않아서, 평가가 비전문적·외형적 요소에 의해 좌우되는 일이 비일비재하다. 이런 문제점을 고려할 때 기관장 임기를 초월한 다년제 평가 시스템을 도입하는 것이 바람직하다. 예를 들어, 독일의 막스플랑크연구소의 경우 7년 주기로 평가한다. 평가위원 또한 국제적으로 명성이 있는 과학자로 구성해야 글로벌 선도 연구를 제대로 평가할 수 있을 것이다.

소재·부품·장비 기술자문단

산·학·연 협업이 필요한 대표적인 분야가 소재·부품·장비다. 이 분야의 국산화 비율은 약 65퍼센트다. 국내 기업이 세계적인 경쟁력을 보유하고 있는 산업 분야에서 국산화 비율은 더욱 저조해, 반도체는 약 27퍼센트이고, 디스플레이는 약 45퍼센트다.

2019년 7월 일본이 반도체와 디스플레이 제조에 필수 소재인 고순도 불화수소, 포토레지스트, 플루오린 폴리이미드에 대한 수출규제 조치를 갑자기 발표했고, 8월에는 우리나라를 백색국가에서 제외했다. 이로 인해 1,200여 개의 품목이 수출규제의 영향을 받았다. 한국과 일본의 무역·외교 전쟁으로 기술패권의 쓰나미가 우리나라 기업에 갑자기 들이닥친 것이다.

2018년 대일 전체 무역적자 241억 달러 중 소재·부품·장비 분야가 224억 달러였다. 그 정도로 일본 기업 의존도가 매우 높은 이 분야의 기업들은 공황 상태에 빠졌다. 필자는 이런 상황을 우리나라 산업계의 국난國難으로 인식했다. 기업이 개발에 난항을 겪는 기술을 자문하는 'KAIST 소재·부품·장비 기술자문단' 구성의 필요성을 절감하고, 자발적 참여를 독려하는 이메일을 모든 교수에게 발송했다. 놀랍게도 150여 명의 전현직 교수가 기술자문단에 참여하겠다는 의사를 전해왔다. 기업들의 큰 호응 속에 기술자문단은 첨단소재분과, 화학·생물분과, 화공·장비분과, 전자·컴퓨터분과, 기계·항공분과 등 5개 분과로 나눠 자문 활동을 수행하고 있다.

KAIST의 자문단은 소재·부품·장비 기업을 지원하기 위한 정부 출연 연구소 및 대학들의 동참을 이끌어냈다. 현재 KAIST를 위시해 전국 12개 대학이 참여하는 '대학 소재·부품·장비 기술 전략자문단'이 산업자원부 지원으로 공식 출범해(2020) 우리나라 기업들을 지원하고 있다. 이 기술자문단이 산·학 협업의 좋은 사례가 되리라 기대한다.

일본의 수출규제로 촉발된 이번 사태는 단기적으로는 국가적 위기임이 분명하지만, 장기적으로는 우리에게 새로운 기회가 될 수 있다. 냉정한 시각으로 우리나라 산업구조와 경쟁력을 다시 한번 살펴보면서 실상을 조명할 수 있는 중요한 계기가 되었다. 구체적으로 3가지 측면에서 우리나라 산업 전반의 실태를 명확히 파악할 수 있었다고 생각한다.

첫째, 그동안 우리는 반도체와 스마트폰, 디스플레이 등 첨단 기술 기반의 완제품 시장에서 국내 대기업들이 차지한 글로벌 경쟁력에 지나치게 도취되어 제조업의 토대를 이루는 허리산업과 뿌리산업의 육성에는 소홀했다. 이에 따라 소재·부품·장비 기업을 비롯한 국내 제조업 기반은 점차 약해져 외부 충격에 무방비로 노출될 수밖에 없었음을 절감했다.

둘째, 4차 산업혁명 시대는 승자독식의 시대이며, 이런 상황은 국내 및 해외 특정 기업이 각각 독점하고 있는 메모리 반도체, 디스플레이, 드론 등 첨단 산업뿐만 아니라 소재·부품·장비 산업에도 적용된다는 것을 여실히 깨달았다. 대일 무역적자의 약 90퍼센트가 소재·부품·장비 분야에서 발생했음을 고려한다면, 이 분야에서 세계적인 경쟁력을 확보하지 못할 경우 현재의 위기 상황은 지속될 수밖에 없다.

셋째, 소재·부품·장비 분야의 기술 혁신을 위해서는 10~20년에 이르는 장기적인 연구개발과 투자 및 과학 장인정신이 필요하다는 것을 기업 경영자뿐 아니라 국가 정책 입안자와 정치인들까지 절실히 깨닫는 계기가 되었다.

일본의 소재·부품·장비 수출규제에 대응해온 지난 2년여간 '소재·부품·장비 기술자문단'의 활동, 기업의 자체 개발 및 수입 다변화, 정부의 정책적 지원으로 일본 의존도에서 많이 벗어날 수 있었다. 수출규제 3대 품목의 경우 불화수소는 44퍼센트에서 17퍼센트로, 포토레지스트는 92퍼센트에서 50퍼센트로 대일 의존도가 대폭 감소했고, 플루오린 폴리이미드는 대체 소재가 개발되었다. 소재·부품·장비 분야 전체의 수입 일본 의존도는 2018년 16.2퍼센트에서 2021년 5월 14.6퍼센트로 감소했다.[25] 위기가 도리어 이 분야의 산업경쟁력을 강화하는 계기가 된 것이다.

과학기술계·의료계의 협업

산·학·연 협업의 중요성은 앞에서 살펴본 바와 같이 끊임없이 강조되었으나, 과학기술계와 의료계 협업의 중요성은 거의 지적되지 않았고 별로 이루어지지도 않았다. 최근 같은 대학 소속 공과대학과 의과대학의 협력 활성화를 위한 협약식이 언론에 보도될 정도였다. 그러나 바이오헬스 연구개발 혁신 및 산업 육성을 위해서는 미국이나 유럽 등 바이오 의료 선진국처럼 과학기술계와 의료계의 협업이 필수적이다. 비근한 예로, 화이자와 모더나 등의 코로나19 백신 개발은 한결같이 과학계의 기초과학 연구자들과 의료계 전문가들의 협업의 결과였다.

그동안 대한민국에서 과학기술계와 의료계의 협업이 잘되지 않은 가장 큰 이유는, 우리나라 의사들이 선진국 의사들에 비해 환자 임상 진료 부담이 엄청나게 커서 연구에 관심을 가질 여력이 없었기 때문이다. 그래서 의료계는 과학기술계의 역량을 인지하지 못했고, 과학기술계는 의료계의 현황에 무지했다. 그러나 이번 코로나19 사태로 인해 과학기술계와 의료계의 협업이 얼마나 중요한지를 절실히 깨닫게 되었다.

코로나 대응 과학기술 뉴딜 사업

코로나19 감염병 발발 초기에는 병원과 의과대학이 없는 이공계 대학교인 KAIST가 국가적인 감염병 위기 극복에 어떻게 기여할 수 있을지 회의적이었다. 하지만 의료진들로부터 코로나19 대응 과정에서 발생하는 의료 현장의 애로 사항들을 전해들으면서 과학기술계가 대부분의 어려움을 해결해줄 수 있다는 확신이 들었다.

이에 따라 코로나19 감염의 예방 보호 단계, 응급 대응 단계, 치료 복구 단계에서 필요한 전방위적 의료기술 개발을 목표로 '코로나 대응 과학기술 뉴딜 사업'을 정부에 제안해 연구개발에 착수하게 되었다. 현재 45명의 KAIST 교수, 10개 병원, 70여 개의 산업체가 참여해 협업적 연구개발을 수행하고 있다. 모든 연구개발은 의사 및 병원 관계자들과 긴밀한 소통을 통해 의료 현장에서 필요로 하는 기술을 파악한 후, 이를 신속하게 개발함으로써 새로운 기술과 제품을 병원에서 곧바로 활용할 수 있도록

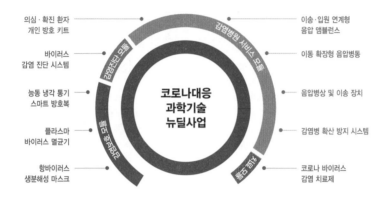

■ 코로나 대응 과학기술 뉴딜 사업단이 개발 중인 의료 품목 ■

의심·확진 환자 개인 방호 키트
바이러스 감염 진단 시스템
능동 냉각 통기 스마트 방호복
플라스마 바이러스 멸균기
항바이러스 생분해성 마스크

감염진단 모듈
통합 방역관리

코로나대응 과학기술 뉴딜사업

감염병원 서비스 모듈
치료 모듈

이송·입원 연계형 음압 앰뷸런스
이동 확장형 음압병동
음압병상 및 이송 장치
감염병 확산 방지 시스템
코로나 바이러스 감염 치료제

출처: 배충식, 〈코로나 대응 뉴딜 사업단 보고서〉

하는 것을 목표로 한다. 또한 연구개발한 기술의 빠른 상용화를 위해 연구개발 초기부터 관련 분야 산업체와 협업 체계를 구축해, 기초·응용·상용화 연구개발을 동시에 하는 '병렬식 연구개발'을 추진하고 있다.

현재 사업단에서 개발하고 있는 의료 품목은 의심·확진 환자 개인 방호 키트, 바이러스 감염 진단 시스템, 능동 냉각 통기 스마트 방호복, 플라스마 바이러스 멸균기, 항바이러스 생분해성 마스크, 이송·입원 연계형 음압 앰뷸런스, 이동 확장형 음압병동, 음압병상 및 이송 장치, 감염병 확산 방지 시스템, 코로나 바이러스 감염 치료제 등이다. 뉴딜 사업을 시작한 지 채 1년도 지나지 않아 연구개발 결과들이 속속 나오고 있다. 몇 가지 대표적인 사례를 소개한다.

- 초고속 분자 진단 시스템 기술 개발

환자로부터 채취한 검체에서 바이러스 RNA를 추출한 후 광열 PCR용 칩에 주입하고, 이를 초소형 실시간 광열 PCR 시스템에 삽입해 감염 여부를 확인하는 기술이다. 광열 PCR 기반 초고속 유전자 증폭 및 초소형 형광 리더기 기반 실시간 정량화를 10분 이내에 완료함으로써 빠르게 감염 여부를 확인할 수 있는 초고속 휴대용 분자 진단 시스템 기술을 개발했다.

■ 초소형 초고속 분자 진단기기 ■

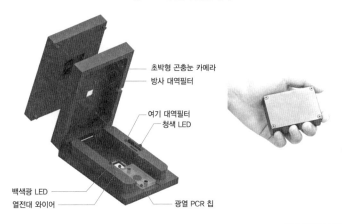

초박형 곤충눈 카메라
방사 대역필터

여기 대역필터
청색 LED

백색광 LED
열전대 와이어

광열 PCR 칩

출처: 정기훈, KAIST

- 능동 냉각 통기 스마트 방호복 기술 개발

덥거나 추운 환경에서 기존 방호복을 착용하고 통기 장치를 가동했을 때의 열감 또는 냉감 문제를 해결하기 위한 기술을 개발했다. 능동적 냉난방 효과를 향상시킨 경량 휴대형 스마트 냉난방 장치, 의료인이 안전하게 호흡하면서 원활한 의사

소통을 할 수 있도록 돕는 스마트 호흡기 보호구, 의료인이 안전하고 편리하게 방호복 및 보호구를 탈착할 수 있도록 돕는 스마트 방호복 탈의 보조 및 폐기 장치가 있다.

■ 스마트 냉난방 장치와 스마트 호흡기 보호구 ■

출처: 박형순, KAIST

• 이동형 음압병동 기술 개발

바이러스 창궐 시 음압병동이 긴급하게 필요한 지역에 에어텐트 구조의 블록형 음압병동 시설을 운송해 현지에서 수일 내 조립 및 활용할 수 있는 기술을 개발했다. 한국원자력의학원, 건양대병원, 경기도 인재개발원에 공급해 사용되고 있으며, 해외 수출도 모색 중이다.

출처: 남택진, KAIST

'코로나 대응 과학기술 뉴딜 사업'의 연구개발 결과들이 빠르게 실용화될 수 있었던 가장 큰 이유는 과학기술자들과 의료 전문가들의 긴밀한 협업을 통해 의료 현장의 애로 사항을 정확히 파악했기 때문이다. 향후 상용화를 가속화하고 해외 수출을 통해 한국이 세계적 경쟁력의 항바이러스 산업을 일으키기 위해서는 새로운 의료기술과 제품에 대한 정부의 신속한 인증·승인 절차가 이루어져야 한다.

코로나 대응 과학기술 뉴딜 사업의 성공적인 추진으로 '위드코로나' 시대 우리나라가 의료 선진국으로 도약해 인류사회의 건강과 번영에 기여하고, 나아가 반도체 산업 이후 국가의 새로운 먹거리 산업을 창출하는 절호의 계기가 마련될 것이다.

의사과학자 양성

우리나라 의과대학에는 이과 계열 고교생 중 가장 우수한 상위 1퍼센트 학생이 진학한다. 필자가 물리학회장 재임 중 국제물리올림피아드에서 1등을 한 금상 수상자 5명과 대담한 적이 있는데, 그중 4명이 의과대학으로 진학하겠다고 해서 충격을 받았다. 더 큰 문제는 이들처럼 뛰어난 학생들이 의대를 졸업한 후 대부분 임상 의사로 활동해, 연구 분야로 진출하는 경우는 1퍼센트도 안 된다는 것이다. 임상 의사들은 진료와 관련된 과도한 업무로 연구에 집중할 수 없다. 우수한 두뇌들이 기초의학 발전이나 의공학 기술 혁신을 통한 바이오의료 산업에 기여하지 못하는 것은 국가적으로 큰 손실이 아닐 수 없다.

현재 의생명 분야의 우리나라 특허는 미국의 3퍼센트, 일본의 21퍼센트 수준으로 매우 뒤처져 있다. 바이오의료 분야 세계 시장 점유율 또한 2퍼센트 수준으로 미미하다. 이 분야의 경쟁력 제고를 위해서 전문 우수 인력 양성이 시급한 상황이다. 따라서 임상 의사를 양성하는 기존 의과대학과 차별화해 과학적 탐구 능력을 갖춘 '의사과학자·의사공학자' 인력 양성 프로그램을 서둘러 도입해야 한다.

의료 선진국에서는 이미 이런 교육 프로그램을 시행하고 있다. 이스라엘 테크니온대학교는 1969년부터 의과학·의공학 연구를 목적으로 하는 의과대학(The Ruth & Bruce Rappaport Faculty of Medicine)을 설립해 운영하고 있다. 미국은 오래전부

■ '과학기술의전원' 인력 양성 트랙 ■

선발	의학교육	융합 의공학 연구	연구	산업계 진출
이공계 전공자	**MD** 의사과학자·의사공학자 양성을 위한 의학, 공학, 과학 융합 교육 기초의학, 임상의학, 융합의공(과)학, 임상수련	**PhD** 과기원 이공계 전문 분야 박사학위 취득(병역 특례) AI, 빅데이터, 생명과학, 로보틱스	연구소, 기업 등	의사과학자 의사공학자 신약개발자 창업가
	의사면허(MD) 취득 및 과학기술의전원 졸업 후 연구직 의무 종사			

출처: 김하일, KAIST

터 국립보건원 주도로 MD-PhD 양성 과정Medical Scientist Training Program, MSTP을 진행해 전체 의대생의 3퍼센트를 의사과학자로 양성하고 있다. 이 프로그램은 지난 15년간 14명의 노벨상 수상자를 배출할 정도로 성공을 거두고 있다. 나아가 하버드 의대에서는 하버드대학교와 MIT가 공동으로 운영하는 '헬스과학기술 과정Health Science & Technology'을 통해 의사과학자를 양성하고 있다.

우리나라에서도 KAIST 같은 이공계 특화 대학에서 단과대학 수준의 '과학기술의학전문대학원(가칭)'을 설치해 '의사과학자·의사공학자' 양성 프로그램을 전담하는 것이 바람직하다. 기존의 전통적 의과대학의 교육과 환경에서 벗어나 과학기술 기반의 혁신적 의과학 전문인력을 양성할 수 있기 때문이다. '과학기술의전원'에서는 12년에 걸쳐 기초과학·공학·의학의 융합적 교육과 연구를 통해 MD-PhD 인력을 양성한다. 졸업 후에는 병원 임상 의사가 아닌 바이오의료 분야 연구소 및 산업체에서 연구자로 활동한다. 이들이 우리나라 기초의학의 획기적 발전뿐 아니라 바이오의료 산업 경쟁력 제고에 중추적인 역할을 하고, 나아가 과학기술계·의료계 협업의 교량 역할을 하리라 기대한다.

원격의료 활성화에 있어 과학기술의 역할

원격의료란 "의료인이 컴퓨터, 화상통신 등 정보통신기술을 활용해 먼 곳에 있는 의료인에게 의료 지식이나 기술을 지원하는 것"이라고 의료법에 정의되어 있다. 스마트 헬스케어, 스마트 진료, 비대면 진료, 디지털 헬스케어 등 다양한 유사 용어도 있다. 의료에 정보통신기술이 접목되었기에 원격의료는 '디지털 변환'의 4차 산업혁명 시대에 '예정된 미래'라고 할 수 있다. 이미 미국(Teledoc, Alliance for Connected Care), 싱가포르(RingMD), 중국(Ping An Good Doctor) 등에서 활발히 시행되고 있다.

원격의료는 환자, 의료진, 정부, 관련 산업계 입장에서 여러 가지 장점이 있다. 우선 환자 입장에서는 원격지에서도 시의적절한 의료 서비스를 받을 수 있다. 진료 대기시간이 단축되고, 치료의 연속성을 확보할 수 있으며, 응급 상황에서 긴급 진료가 가능하다. 의료진 입장에서는 환자의 일상생활에서 모니터링한 건강 상태를 활용함으로써 진료의 질적 수준을 높일 수 있다. 정부 입장에서는 의료 취약 지역 및 계층의 의료복지를 증진하고, 집단의 질병 및 건강을 관리할 수 있다. 산업계에서는 의료 빅데이터 디지털 산업을 활성화하는 계기가 된다.

이런 다양한 장점에도 불구하고 우리나라에서 원격의료가 활성화되지 못하는 이유는 무엇인가? 원격의료가 불필요한 의료 수요를 창출하고, 의료 공급자 간의 과도한 경쟁으로 의료 전달 체계의 붕괴를 초래할 수 있다는 의료계의 비판적인 시각이 큰 장애가 되고 있다. 한편으로는 정부 차원의 의료 정책과 지불 제도 정비, 원격의료 기술 표준화, 정보 보안 체계 확립 등의 선결 조치 없이 원격의료를 추진한다면 반드시 실패할 것이라는 우려도 있다.

세계적인 정보통신기술을 보유한 우리나라는 원격의료가 활성화될 수 있는 우수한 과학기술 인프라를 갖추고 있다. 코로나19 감염병 발생 이후 2020년 3월부터 전화 상담 및 처방이 법적으로 허용되어 160여만 건의 진료가 이미 이루어졌다.

세상이 대면 사회에서 비대면 사회로 급속히 전환되면서 원격의료의 필요성이 점점 더 강조되고 있다. 또한 미래 의료가 질병 치료에서 질병 예방 및 건강관리로, 의사 중심에서 환자 중심으로 전환되기 때문에 원격의료는 더욱 확대될 것이다. 따라서 이제 원격의료를 언제 어떻게 할 것인가에 대한 논의를 활발하게 공론화해 국가 정책을 결정해야 할 때다.

원격의료는 대면 진료에 비해 시진, 청진, 촉진, 타진에 한계가 있기 때문에, 원격의료의 질적 수준 제고를 위한 다양한 기술이 개발되어야 한다. 원격 시진을 위한 카메라 및 디스플레이 기술, 타이토케어Tytocare 같은 원격 청진 기술, 원격 촉진 및 타진을 위한 햅틱Haptic 기술이 발전되어야 한다. 또한 평상시 원격 환자 모니터링을 위한 웨어러블 디바이스 기술, 생체 데이터 처리 시 개인정보 보안을 위한 암호화 기술, 인공지능 기반의 빅데이터 처리 기술 개발에 과학기술계가 적극적으로 기여해야 할 것이다.[26]

글로벌 협업

우리나라는 전문 연구 분야 글로벌 선도 연구자가 미국이나 일본의 10분의 1 수준이고, 첨단 거대 연구 장비도 과학 강국에 비해 절대적으로 부족하다. 또한 생산 기술은 우수하지만 기초 연구 및 원천 핵심 기술은 선진국에 뒤처져 있다. 우리나라의 한정된 연구 자원을 보완하려면 글로벌 연결망을 통해 해외 자원을 적극적으로 활용해야 한다. 이를 위해 전 세계 주요국과의 효율적 협력을 위한 글로벌 연결망 지도를 구축할 필요가 있다.

연결망 지도에는 우리나라 중점 육성 연구개발 분야에서 협력이 필요한 상대국의 선도 연구기관, 대표적인 연구자 등의 정보가 파악되어 있어야 한다. 작지만 강한 국가인 스위스, 스웨덴, 싱가포르 등의 공통 전략이 바로 이 국제화다. 선진국과는 쌍방향 상호보완의 철학으로, 개도국과는 호혜적 철학으로 협력을 추구하는 것이 바람직하다.

선진국 첨단 거대 장비 적극 활용

거대시설이 필요한 메가사이언스Mega-science나 막대한 연구비가 필요한 메가프로젝트의 경우 독자적으로 연구를 수행할 생각을 버리고 양국 혹은 다국가의 협업적 연구를 통해 진행하는 것이 예산이나 과학적 측면에서 훨씬 효과적이다.

우리나라 과학자들이 국제 공동 연구로 활용하고 있는 2개의 거대시설을 살펴보자. 스위스 제네바에는 유럽입자물리연구소CERN가 보유한 거대강입자충돌가속기Large Hadron Collider, LHC가 있다.[27] 지하 100미터에 있는 길이 27킬로미터의 가속 터널로, 13테라전자볼트TeV의 세계 최고 에너지 입자충돌가속기다. 유럽 20개국이 참여해 운영하고 있는데 연간 운영 예산이 1조 2천억 원에 이른다.

매년 전 세계 80개국 7천여 명의 과학자가 CERN을 방문해서 이 시설을 활용해 입자물리 연구를 수행하고 있다. 우리나라 과학자들도 연간 약 60억 원의 연구비를 투입해 '앨리스ALICE'라는 빔라인을 사용해서 연구를 수행했다. 이 빔라인에서 한국 과학자들의 주도 아래 대형 이온충돌 실험이 성공적으로 수행되었다. 고가의 거대시설을 한국 과학자들이 적은 비용으로 활용해

출처: CERN

과학의 지평을 넓히는 새로운 발견을 이루어낸 것이다.

미국 버클리대학이 운영하는 로렌스버클리국립연구소LBNL
는 지금까지 13명의 노벨과학상 수상자를 배출한 세계적인 기
초 연구소다.[28] 연간 운영비가 약 7천억 원에 달하고, 4천여 명
의 연구원 및 직원이 있다. 이 LBNL이 자랑하는 첨단 거대시설
이 있으니, 바로 40여 개의 빔라인이 있는 방사선가속기다. 이중
X선 현미경 빔라인을 DGIST가 LBNL과 공동 연구 협약을 맺어
활용했다. 이 빔라인에 설치된 X선 현미경은 20나노미터nm 공
간분해능, 70피코초ps 시간분해능의 세계 최고 장비다. 우리나
라에서 연간 4만 달러의 저렴한 사용료를 지불하고 첨단 고가
장비의 50퍼센트를 독점적으로 사용할 수 있는 권한을 확보해
DGIST를 비롯한 한국 과학자들이 마음껏 활용하면서 수많은
연구 결과를 산출했다.

첨단 거대시설은 통상 1조 원가량의 구축비가 들고, 연간 운영
비로 수천억 원이 필요하다. 이렇듯 고가를 자랑하는 첨단 거대
시설의 주인은 사실 투자국이 아니라 그것을 활용하는 과학자

출처: LBNL

라고 할 수 있다. LBNL의 경우 최근에는 한국과 중국 등 아시아 과학자들이 많이 활용하고 있다. 이를 반면교사 삼아 우리나라에서 가속기 등 고가의 첨단 거대시설을 독자적으로 구축·운영하고자 계획할 때는 투자 대비 효과 측면에서 보다 신중하게 고려해보아야 한다.

우선, 거대시설을 구축하는 시점에 세계 최고 성능의 시설이어야 한다. 그래야 국내뿐 아니라 외국 과학자들도 이용하려고 한다. 그렇지 않으면 거대시설은 '돈 먹는 하마'로 전락하고 말 것이다. 또한 거대시설의 성능을 지속적으로 유지하고 향상시킬 수 있는 전문 장비 보수 인력이 있어야 한다. LBNL의 경우, 미국 내에서 전문인력을 구할 수 없어 독일에서 유치해오고 있다. 따라서 향후 거대 첨단 과학시설 구축은 독자적으로 추진하기보다는 우리나라가 허브가 되어 다국가 협력 사업으로 추진하는 것이 투자 효율성 측면에서 바람직하다.

과학 선진국과 상호보완적 협력

우리나라가 빠른 시일 내에 과학 선진국으로 도약하기 위해서는 과학 강국과의 협력이 필요하다. 지금까지는 대부분 우리나라에서 연구비를 투자하고 선진 과학기술을 배워오는 일방향 협력이 주를 이뤘다. 그러나 이제는 우리나라 과학기술도 상당한 수준에 도달했기 때문에, 상대국과의 상호보완적 과학기술 협력이라는 원칙을 가지고 쌍방향 협력으로 전환해야 한다. 이를 위해 세계적인 선진 연구소 및 선도 과학자와 국내 우수 연구 집단의 협업적 국제 공동 연구를 활성화해야 한다.

협업적 국제 공동 연구를 해야 할 메가프로젝트 중 하나가 과학계의 미제 영역인 뇌분야 연구다. 미국은 뇌연구프로젝트Brain Initiative Project를 기획하고 1조 원의 연구비를 투자해 뇌 매핑 연구를 추진하고 있다. 유럽연합에서도 유사한 규모의 휴먼브레인Human Brain 프로젝트를 추진 중이다. 우리나라의 뇌과학 분야 연구비 투자 규모는 미국의 0.6퍼센트 수준이며, 논문 수도 2.5퍼센트 수준이다. 연구비 규모로 볼 때 미국 및 유럽연합과의 직접 경쟁은 무모한 일이다. 따라서 우리나라만이 독특하게 할수 있는 차별화된 연구 분야를 모색해 상호보완적 협업 연구를 수행해야 한다.

한편 국가 위상 제고 및 전략 기술 획득을 위한 다자간 대형 국제협력 사업에 능동적으로 참여해야 한다. 국제핵융합실험로ITER 국제 공동 개발 사업 참여가 좋은 예다. ITER 공동 개발

사업은 핵융합 에너지 상용화 가능성을 과학기술적으로 실증하기 위해 한국, 유럽연합, 미국, 러시아, 일본, 중국, 인도 등 7개국이 국제핵융합실험로를 프랑스 카다라쉬에 건설해 운영하는 인류 최대의 과학기술 협력 프로젝트다. 이 프로젝트가 성공하면 청정 핵융합 에너지 개발로 인류가 당면한 에너지 고갈과 지구온난화 문제를 극복할 수 있을 것이다.

우리나라는 70여억 유로의 총 건설비 중 9.1퍼센트를 분담하고, 연구인력을 파견하고, 13테슬라의 고자기장 초전도 자석 및 초고진공 용기 등 핵심 부품을 조달하고 있다. ITER 국제 공동 개발 사업 참여를 통해 우리나라는 인류가 당면한 과학기술 난제 해결에 기여하는 국가적 위상을 갖게 되었다. 한편으로는 핵심 부품 조달을 통해 신산업을 창출하고, 향후 핵융합발전소 건설을 위한 핵심 원천 기술을 확보하고 전문인력을 양성하는 좋은 계기가 되었다.[29]

항공우주도 21세기의 중요한 메가사이언스 분야로, 우리나라가 독자적으로 추진하기에는 예산상 무리가 있기 때문에 국제 공동 연구 프로젝트에 적극적으로 참여해야 하는 분야다. 최근 한국은 미국이 주도하는 '아르테미스Artemis 프로그램'에 다른 9개국과 함께 참여하기로 결정했다.[30] 1972년 아폴로계획이 종료된 후 반세기 만에 최초의 여성 및 비백인을 다시 달에 보내는 유인 달 탐사 프로그램이다. 우리나라가 항공우주 분야에서 새로운 도약을 할 수 있는 매우 의미 있는 기회가 되리라 기대한다.

인공지능 인재 양성

AI, 4차 산업혁명의 엔진

인공지능AI은 4차 산업혁명 구현의 엔진이자 미래 산업 경쟁력의 핵심이다. 자율주행차, 드론, 로봇, 언어와 이미지 처리, 컴퓨터 비전, 빅데이터, 데이터마이닝, 스마트 제조업 등 실로 다양한 산업 분야에 접목되어, 산업의 지능화를 통해 새로운 부가가치를 창출하고 있다.

또한 다양한 전문 분야의 조력자로서 전문가의 전문성을 높여준다. 새로운 물질 창출이나 DNA 분석 등 각종 과학기술 연구에서 AI가 활용될 뿐만 아니라, 병원에서 의사의 정확한 진단을 도와주는 IBM의 왓슨 같은 의료 AI, 과거의 수많은 판례를 신속히 분석해주는 AI 변호사, 유명 화가들의 작품을 분석해 그림을

그리는 로봇 화가, 금융 투자 자문을 제공하는 로보어드바이저 등 수많은 전문 분야에서 활용되고 있다. 소프트뱅크 손정의 회장이 4차 산업혁명 시대에 우리나라가 집중해야 할 분야를 "첫째도, 둘째도, 셋째도 AI"라고 강조한 이유도 이와 같은 AI의 중요성 때문이다.

향후 AI가 산업적·사회적으로 미칠 커다란 파급효과 때문에 미국, 중국, 일본, 영국, 프랑스, 독일 등 과학기술 선진국들은 AI 연구와 인재 양성에 앞다퉈 공격적인 계획과 투자를 하고 있다. 특히 중국은 2017년 '중국의 그랜드비전'에 '새로운 시대 AI 발전 계획'을 포함하고, 160조 원의 엄청난 투자 계획을 발표했다.

우리나라 정부도 AI의 국가적 중요성을 인식하고 향후 2조 2천억 원 투자 계획을 세웠다. 특히 AI 전문인력 부족 문제를 해결하기 위해 과학기술정보통신부가 2019년부터 AI대학원 사업에 착수했다. 지금까지 KAIST 등 6개 대학을 선정해 AI 인력 양성을 지원하고 있다. 한편 서울시 및 금융위원회의 재정지원으로 KAIST는 경영대학 산하에 '디지털금융전문대학원'을 출범했다. AI와 빅데이터 지식을 겸비한 디지털 금융 인력 양성을 목표로 하고 있는데, 첫해 40명 신입생 모집에 560명이 지원할 정도로 높은 수요가 있었다.

안타깝게도 현재 우리나라 AI 경쟁력은 선도국에 비해 많이 뒤처져 있다. 최근 발표된 클래리베이트-KAIST 공동 조사 보고서에 의하면, 2010~2019년 10년간 AI 관련 특허 등록 건수는 6,317건으로 중국(91,236), 미국(24,708), 일본(6,754)에 이어 4위

지만, 최다 특허 보유국인 중국의 7퍼센트 수준이다.[31]

더욱 심각한 문제는 특허의 질적 수준이다. 특허 임팩트 상위 10퍼센트에 해당하는 우수 특허 비율은 8퍼센트로 미국(43%), 캐나다(27%), 영국(13%), 인도(13%), 타이완(11%) 다음이다. 이렇게 특허의 질적 수준이 낮은 근본적인 원인은 국제적 수준의 AI 전문가가 부족하기 때문이다. 국가별 AI 전문가 수로 보면, 최상위인 미국(12,027)의 1.4퍼센트 수준(168)으로 매우 심각하다. 따라서 AI 연구개발의 질적 경쟁력을 높이기 위한 우수 인력 유치와 양성이 국가적으로 매우 시급한 상황이다. 이런 국가적 상황을 직시한 동원그룹 김재철 명예회장이 최근 KAIST AI 대학원에 500억 원 거금을 쾌척하여 AI 인재 양성이 가속화되고 있다.

AI 인재 양성 전략

AI 우수 인재를 확보하기 위해서는 어떻게 해야 할까? 첫째, 미국과 캐나다 등 AI 선도국에서 활동하는 교포 과학자들을 공격적으로 유치해야 한다. 이 대목에서 가장 큰 걸림돌은 AI 전문가들이 외국에서 받는 고액의 연봉을 어떻게 맞춰주는가 하는 문제다. 이는 외국 인재 유치 '브레인풀 제도'를 통한 정부 지원이나 대학 및 기업 겸직 제도를 활성화하면 상당 부분 해소할 수 있을 것으로 보인다.

둘째, 글로벌 경쟁력이 있는 AI 인재를 양성하기 위한 효과적인 대학 교육 정책이 국가 차원에서 마련되어야 한다. AI 인력 수준은 크게 4단계로 나뉜다. 1단계는 AI를 산업에 활용할 수 있는 인력, 2단계는 AI 플랫폼을 개발할 수 있는 인력, 3단계는 AI 모델 알고리즘을 개발할 수 있는 인력, 4단계는 아직 해결되지 않은 난제를 풀 수 있는 AI 사이언스 인력이다.

다양한 산업의 스마트화를 위해 1~2단계 인력 양성도 중요한데, 이는 학부 중심 대학에서 담당해야 한다. 3~4단계의 고급 인력은 KAIST, 서울대학교, 포항공과대학교 같은 연구 중심 대학에서 양성해 국가의 AI 글로벌 경쟁력을 제고해야 한다. 이들을 통해 우수한 범용 알고리즘을 개발한다면 AI 세계 시장을 장악할 수 있을 것이다. AI는 승자독식의 대표적인 분야이기 때문이다.

셋째, 새롭게 개발될 AI 알고리즘의 발 빠른 산업화를 위해 연구 초기 단계부터 긴밀한 산·학 협력이 필요하다. 특히 글로벌 수준의 AI 전문가들이 매우 부족한 우리 상황에서는 산·학의 벽을 허물고 공생을 추구해야 한다. AI 분야 내 경쟁은 국내 기관 간의 경쟁이 아니라 미국과 중국 등 세계 선도국과의 치열한 경쟁이기 때문이다. 이런 면에서 자율적으로 학습, 사고, 판단, 행동하는 '초거대Hyperscale AI' 개발을 위해 최근 서울대학교와 KAIST가 네이버, KT와 산·학 협력을 시작한 것은 매우 바람직한 사례다. 대학에서 산업체가 요청한 AI 개발 프로젝트를 진행할 때 앞에서 언급한 교육·연구·기술사업화가 융합된 '3중나선 교육 모델'을 적용하면 지속적인 AI 인재 양성에 큰 도움이 될 것이다.

넷째, 마지막으로 소프트웨어와 하드웨어 지식을 겸비한 융합 인재를 양성해야 한다. 즉, AI 소프트웨어를 전공하지만 반도체 하드웨어를 이해하고, 반도체 하드웨어를 전공하지만 AI 소프트웨어를 이해하는 인력을 양성하는 것이다. 현재 우리나라 대부분의 대학이 소프트웨어 중심의 컴퓨터학과와 하드웨어 중심의 전자공학과를 별도로 운영하고 있다. 두 학과의 통합이나 긴밀한 연계 운영을 통해 소프트웨어와 하드웨어의 융합적 인재를 양성해야 세계적으로 경쟁력 있는 독특한 AI 인력을 확보할 수 있을 것이다. 정부가 AI 인재 양성을 위해 추진하는 독립 학과 체제의 'AI대학원 프로그램'도 기존 관련 학과와 통합적으로 운영하는 것이 교육과 연구의 극대화를 위해 바람직하다.

거버넌스 선진화

과학기술 선진국이 되기 위해서는 우수 인력 확보나 연구비 증액 못지않게, 과학기술 거버넌스의 전문화 및 합리화, 효율화를 통한 선진 행정 체제 구축이 중요하다.

검증된 리더의 장기 리더십

추격 전략에서 글로벌 선도 전략으로 국가 차원의 패러다임 변화가 요구되는 시기에 과학기술 관련 정부 출연 기관의 수장을 제대로 선임하는 일은 기관 발전은 물론이고 우리나라 전체의 과학기술 선진화를 가속화하기 위해 매우 중요하다.

미국, 독일, 일본 등 과학 선진국에서는 학문적인 명성과 행정 능력을 겸비한 과학자를 엄선해 기관장으로 임명한 후, 기관 운영의 자율성을 최대한 부여하고, 정권을 초월해 임기를 보장한다. 독일 막스플랑크연구소의 경우, 소장의 임기는 7년인데 통상 초대 소장이 두세 번 연임되어 20년 이상 연구소를 운영했다. 임기 동안 소장은 기관 운영의 전권을 가지고 자율적으로 운영한다. 미국의 아르곤연구소 등 국립연구소나 일본의 이화학연구소 등은 소장의 임기가 5년이지만 통상 그 이상의 기간 동안 소장직을 수행한다. 중국의 경우 정부 연구소 기관장의 임기가 아예 없다. "공산당이 좌천할 때까지 한다"는 우스갯소리가 있을 정도다.

미국 주요 대학도 총장의 임기가 없다. 리더십에 심각한 문제가 발생하거나 건강에 이상이 있지 않는 한 총장직을 계속 수행하도록 한다. 재임 기간 10년은 기본이다. 칼텍의 로버트 밀리컨Robert Millican은 대학 설립 초창기 24년 동안 총장직에 있었다. 유명한 물리학자로서 경영 능력 또한 겸비한 그에게 장기간 리더 역할을 맡긴 것이 무명 대학을 단기간에 세계적인 연구 중심 대학으로 도약시킨 결정적인 계기가 되었다.

우리나라의 현실은 어떤가? 정부 출연 연구소 기관장의 임기는 3년이고, KAIST 총장 임기는 4년이다. 기초과학연구원장 임기만 예외적으로 5년이다. 선진국에 비해 상대적으로 짧은 기관장 임기마저 새 정부가 들어서면 관행처럼 이루어지는 '물갈이' 때문에 다 채우기 어렵다. 이번 정부에서도 정부 출연 연구소 기관장 11명이 임기 중에 사표를 냈다. KIST 원장이 임기를 마치고 퇴임하자 '임기 만료 퇴임이 화제가 되고 있는 슬픈 현실'이라는 제목의 사설이 실렸을 정도다.

3~4년 임기는 외부 인사인 경우 기관의 구조나 현황을 파악하다 끝나고, 내부 인사도 자신감이 붙어 해볼 만하다는 생각이 들 때쯤 끝나게 된다. 현재의 기관장 임기는 비전을 제시하고 그 비전을 성취하기 위한 글로벌 전략의 혁신을 추진해 정착시키기에는 매우 부족한 기간이다.

더 큰 문제는 기관장 선임 과정이다. 기관의 목소리를 외면하고 낙점식 '코드 인사'가 이루어지는 경우가 많다. 이로 인해 기관장 선임의 법적 권한이 있는 이사회는 독자적 결정권을 상실하고 거수기로 전락하기 일쑤다. 권력에 얼마나 가까이 있느냐가 최종 기관장 결정의 중요한 변수가 된다면, 후보자들은 기관장으로서의 자질 계발보다는 정치권에 연줄을 대는 데 힘을 쏟게 될 것이다.

코드나 연고 위주로 무자격한 인사가 기관장으로 선임되면 조직의 리더십에 심각한 문제가 생기고, 기관은 물론이고 나아가 국가 과학기술의 발전을 저해한다. 아무리 공개적으로 많은 후보를 공모했어도 선임 과정이 투명하지 않으면 많은 사람이 쓸데없이 시간과 노력을 허비한 셈이 되고 만다.

이제 우리나라도 기관장을 선임할 때 구성원 및 과학기술계 의견을 제대로 반영하는 비정치적 결정 시스템을 도입해, 연구와 행정 능력이 탁월한 인사를 선정해서 장기간 권한을 부여하는 선진국형 리더십 체제를 구축해야 한다. 구체적인 방안으로는 기관을 잘 알고 아끼는 구성원 및 과학기술계 오피니언 리더들로 '기관장 초빙 위원회'를 구성하는 것이 바람직하다. 그런데 이 위원회가 제대로 작동하려면 무엇보다 외풍의 영향을 받지 않는 위원으로 구성하는 것이 중요하다. 첫 단추를 잘못 끼우면 모양새뿐인 유명무실한 위원회가 되고 말 것이다. 위원회가 자율성을 갖고 신임 기관장 초빙을 담당하도록 해야 한다.

현 기관장의 임기가 만료되기 전에 재임 기간 업적을 평가해 재신임 여부를 결정해서 유능한 기관장인 경우 연임하도록 해야 한다. 그렇지 않은 경우 신임 기관장 후보에서 원초적으로 배제하는 것이 바람직하다. '기관장 초빙 위원회'에 후보자 공모뿐 아니라 최종 후보 추천까지 독립적인 권한을 부여해, 위원회가 판단한 적임자를 이사회에 복수 추천하고, 이사회에서 최적임자를 결정해 임명권자에게 추천하면, 임명권자는 최종 후보자가 특별한 흠이 없는 한 임명해야 한다.

그렇다면 우리나라 정부 출연 기관장이 갖춰야 할 자질은 무엇일까? 무엇보다 먼저 비전을 제시하는 통찰력과 혜안이 있어야 한다. 지금까지 우리나라 과학기술 발전 전략은 선진국의 과학기술을 빠르게 모방하는 추격 전략이었다. 그러나 세계 10위권의 과학기술 경쟁력을 확보한 현 시점에서는 우리 고유의 아이디어를 창출해 선도해가는 글로벌 선도 전략이 필요하다. 이를 위해서 기관장은 기관 특성에 맞는 글로벌 비전을 제시할 수 있어야 한다. 이는 오랜 연구 경륜을 통한 전문 분야의 학문적·기술적 통찰력이 있어야 가능한 일이다.

다음으로 소속 구성원들의 공감을 이끌어내는 소통 능력이 있어야 한다. 국민의 공감을 얻지 못하는 대통령의 비전은 소요만 야기하듯이, 기관장의 좋은 비전도 구성원들이 지지하고 따라주지 않으면 비전을 향해 한 발자국도 앞으로 나아가지 못한다.

마지막으로 인적·재정적 자원을 확보할 수 있는 능력이 있어야 한다. 우수한 구성원과 충분한 연구비는 세계적인 연구기관으로 도약하기 위한 핵심 엔진이다.

좋은 사례가 앞서 언급한 독일의 미세구조물리 막스플랑크연구소다. 독일이 통일하면서 뒤처진 동독의 과학기술을 발전시키기 위해 1992년 동독 지역이었던 할레에 설립한 첫 연구소다. 먼저 기관장 초빙 위원회에서 미세구조물리학 분야의 세계적 학자(위르겐 키르슈너 교수와 패트릭 브루노 박사)를 소장으로 영입한 다음, 이들로 하여금 유능한 젊은 연구원들을 전 세계에서 스카우트하도록 했다. 연구비는 당시 서독 평균 연구비의 2배 가까이 투입했다. 그 결과 지금 이 연구소는 미세구조 연구 분야에서 세계적인 명성을 얻고 있다.

자질 검증을 통해 기관장으로 선임되면 기관 운영의 자율권을 부여하고 장기적으로 기관장 업무를 수행하도록 보장해야 한다. 참고로 위 연구소의 키르슈너 교수는 16년간 소장직을 맡았다. 연구와 행정 능력을 겸비해 탁월한 리더십을 갖춘 과학자를 기관장으로 선임하고 장기간 기관 운영을 맡기는 선진 연구소 운영 시스템을 이제 우리도 정착시켜나가야 할 때다.

과학기술정보통신부 장관 임기제 도입

우리나라 과학기술 정책 수립 및 집행의 리더십 정점은 과학기술부처 장관이다. 1967년 정부 내 과학기술 전담 부처인 과학기술처가 출범한 후 과학기술처/부(1967~2008), 교육과학기술부(2008~2013), 미래창조과학부(2013~2017), 현재의 과학기술정보통신부(2017~)에 이르기까지, 지난 54년간 총 32명의 장관이 임명되었으니, 평균 장관 임기가 1년 6개월이다. 32명 중 재임 기간이 4년 이상인 사람은 최형섭(7년 6개월), 이정오(4년 6개월), 김기형(4년 2개월) 장관 3명밖에 없고, 나머지는 2년도 채 안 되는 단명 장관이었다.

장관의 임기가 짧다 보니 정부 출연 기관도 장관의 철학에 따라 운영 방향이 수시로 바뀐다. 또한 과학기술부처 산하 행정 조직의 근무 기간도 짧아 업무의 전문성을 쌓을 기회가 없다. 특히 전문성과 연속성이 요구되는 국제 협력 부서는 국가 간의 신용에도 큰 영향을 미친다. 필자가 2003년 과학기술부 요청으로 영국 케임브리지대학교 캐번디시연구소와 연구협력센터 설립을 위해 2년여간 작업을 했다. 이 기간 동안 영국 측 정부 관계자들은 한 명도 바뀌지 않았는데, 우리나라는 장관이 3번, 담당 국장이 4번 바뀌어 인사 교체 때마다 협력 사항을 원점에서 다시 논의해야 하는 어려움을 겪었다.

이제 우리나라가 과학기술의 글로벌 선도국이 되기 위해서는 미래지향적 국가 과학기술 계획을 수립해 일관성 있게 추진해야 하는데, 정부 출연 기관장보다 짧은 임기로는 장관이 소신 있게 일을 할 수가 없다. 우리나라도 과학 선진국처럼 원칙적으로 대통령과 임기를 같이하는 장관 임기제를 도입할 필요가 있다.

감사 제도 선진화

과학기술계의 연구 환경이 급변하면서 정부 출연 기관 종사자들이 연중 내내 감사에 시달리고 있다. 자체 감사는 물론이고 과학기술정보통신부, 국무총리실, 감사원 등 외부 감사도 끊이지 않는다. 감사 내용은 연구비 유용, 논문 표절, 소속 기관 특허 창업 기업 무상 이관, 해외 기술 유출, 채용 비리 등 실로 다양하다.

일단 감사가 시작되면 최소 수개월에서 수년이 걸린다. 그 와중에 자존심 강한 과학자는 자괴감에 극단적인 선택을 하는 경우도 종종 있다. 무엇보다 과학기술계 및 과학자 스스로 윤리의식과 청렴성을 제고하려는 자정 노력이 필요하다. 과거 개도국 시절의 바람직하지 못한 관행을 끊어내야 한다. 과학기술계의 비리 및 비행 척결을 위해 감사는 당연히 필요하고, 범법 사실이 밝혀지면 엄단해야 한다. 문제는 일련의 감사 과정과 조치가 선진화되지 않았다는 것이다. 더욱 심각한 문제는 정권에 과잉 충성하는 사람들이 감사 시스템을 악용한다는 사실이다.

감사는 정책 감사를 제외하고는 통상 제보자의 제보에 의해 시작된다. 익명과 실명을 막론하고, 제보의 진실성에 관계없이 감사한다. 약자를 보호한다는 명분 아래 제보자의 인권은 철저히 보호한다. 어떤 제보자는 과학기술계에서 악의적인 제보자로 이미 소문이 나 있음에도 그의 제보만으로 감사를 단행하기도 한다.

감사를 받아본 과학자들이 공통적으로 표현하는 감사 현장의 분위기는 '무지, 겁박, 모욕'이다. 연구 경험이 없어 과학기술계 상황에 무지한 감사관들이 원하는 진술을 받아내기 위해 겁박하고, 미리 죄를 단정해 죄인 취급하며 모욕을 주는 것이다.

특히 '찍어내기' 표적 감사의 경우 과학자의 인권은 철저히 유린된다. 감사 도중 검찰에 고발하고 언론에 실명을 제보하는 등 인권 국가에서 상상할 수 없는 일이 벌어진다. 이런 감사 과정을 겪은 과학자는 자존감 상실은 말할 것도 없고, 과학기술계를 아예 떠나고 싶어진다. 과잉 충성해 반사이익을 보려는 세력들이 자행한 무리한 감사의 피해는 고스란히 과학자에게 돌아간다. 이로 인한 과학자의 의욕 상실은 결과적으로 국가 과학기술 발전에 저해 요소가 된다.

감사의 선진화를 위해 큰 변혁이 필요하다. 익명의 제보로 감사하는 관행은 없어져야 한다. 익명 제보의 대다수가 상대방을 모함하기 위한 악의성 제보이기 때문이다. 안타까운 일이지만, 자신이 생존하기 위해 습관적으로 익명 제보를 하는 사람이 과학기술계에도 존재한다.

또한 감사 현장에서 피감인의 인격을 존중하는 감사관의 태도가 중요하다. 최근 감사원 감사관들의 이런 태도 변화는 매우 다행스러운 일이다. 그런데 유독 과학기술부처 감사관들의 고압적 자세는 변하지 않고 있다. 마지막으로 범법 사실이 밝혀지기까지는 과학자의 인권을 보장하고 소속 기관을 보호해야 한다. 수십 년 쌓아온 과학자의 업적과 명성이 잘못된 감사로 인해 하루아침에 무너지는 일이 과학 선도국을 지향하는 대한민국에서 더 이상 일어나서는 안 된다.

'국가과학기술전략실(가칭)' 신설

현재 우리나라는 주요 과학기술 정책 및 전략을 장기간 숙고해서 제시하는 행정 체제가 갖춰지지 않았다. 그저 사안별로 임시위원회를 만들어 단기간에 정책이나 전략을 급조하고 있다. 일례로 정부가 2004년 수립한 '미래 국가 성장동력 유망기술 육성 사업 종합계획'을 보자. 우리나라가 '국민소득 3만 달러'를 조기 달성하고, 나아가 10년 후 포스트 반도체 및 철강 시대를 대비하는 차세대 먹거리 산업을 위한 미래 성장동력 핵심 기술을 개발하는 중차대한 국가 사업임에도 불구하고 4개월이라는 단기간에 졸속으로 기획·결정되었다.

이렇게 단기간에 임시위원회를 통해서 작업하다 보니, 일본이 2003년 11월에 수립한 '신산업 창조 전략'의 신산업 육성과 매우 유사한 계획이 되고 말았다. 또한 10대 산업 선정 과정에서 국가 차원에서 "무엇을 할 것인가"보다는 정부 부처 간 주도권 다툼으로 번져 "누가 할 것인가"가 최종 선정에 중요한 변수가 되었다.

현재 정부 조직상 국가 과학기술 정책 수립을 담당하는 기구는 '국가과학기술자문회의'와 '과학기술정책연구원STEPI'이다. 국가과학기술자문회의는 대통령을 위원장으로, 부의장을 비롯해 30명 이내의 민간 위원으로 구성된다. 문제는 민간 위원 모두가 비상임이라는 것이다. 이런 비상임 체제로는 심도 있는 정책 개발이 사실상 불가능하다. 과학기술정책연구원은 대부분 연구 현장 경험이 없는 인적 구성으로 전문성을 갖춘 정책을 개발하지 못하고 있으며, 또한 구속력이 없다.

이런 문제점을 개선하기 위해 30여 명의 전문가로 구성된 상근 체제의 '국가과학기술전략실(가칭)'을 신설할 필요가 있다. 여기서 전문가란 과학기술 분야에서 국제적 수준의 연구 업적을 성취한 과학자로서, 정책 기안 능력도 겸비한 사람이어야 한다. 이들에게 어느 한 정권의 차원을 초월해 국가 과학기술 발전을 위한 미래지향적 계획과 전략 수립을 전담하게 함으로써 국가의 미래 운명을 맡기는 것이다. '국가과학기술전략실(가칭)'은 대통령 직속 체제로, 작업 결과를 대통령에게 직보하는 행정 체제를 갖춰야 한다.

미국은 1961년 케네디 대통령 시절부터 대통령 직속 과학기술정책처OSTP를 백악관 내 상설 조직으로 두었다. OSTP는 국가 과학기술 정책을 총괄하면서 대통령을 자문하고 있다. OSTP에는 100여 명의 직원이 상근하는데, 대부분 전공 분야 연구 경력이 있다.

2021년 출범한 바이든 정부는 21세기 기술패권 시대에 OSTP의 중요성을 강조해, 출범 즉시 OSTP 실장을 장관급으로 격상하고 MIT의 에릭 랜더Eric Lander 교수를 그 자리에 임명했다. 그에게 요청한 첫 임무가 향후 75년을 바라보며 다음 세대가 좀 더 건강하고 안전하고 정의롭고 번영된 세상에서 살도록 하기 위해 5가지 이슈, 즉 코로나19 팬데믹 대응, 지구온난화 대처, 경제발전 및 국가안보, 전 국민의 과학기술 혜택 공유, 과학기술 에코 시스템 장기 구축에 대한 국가 과학기술 정책 수립이었다.[32] 상근 전문가들이 75년 앞을 내다보며 국가 과학기술 정책을 수립하는 거버넌스 시스템이 미국을 세계 최고의 과학기술 국가로 만든 중요한 동인이다.

인류 위기 대응
연구

우리나라는 반세기 만에 이룬 놀라운 경제·산업 성장으로, 취약국가의 롤 모델 국가로 주목받고 있다. G7 국가 정상회의에 2년 연속 공식 초청을 받을 정도로 선진국으로부터도 존중을 받고 있다. 또한 국제경영개발대학원IMD을 비롯한 세계 여러 기관에서 혁신의 대표적인 국가라는 평가를 받는다. 그러나 역설적으로 우리나라는 국제사회에서 우군이 별로 없다. 단적인 예로 국제기구 단체장 선출에서 별로 지지를 받지 못하고 있다. 왜 그럴까?

지난 반세기 동안 우리나라는 대한민국의 성공만을 위해서 노력해왔다. 국민들도 자신과 가족의 행복을 위해서 땀을 흘렸다. 이제 대한민국이 초일류 선도 국가로 도약하기 위해서는 국가를 넘어 인류의 번영과 발전을 위한 글로벌 이슈에 관심을 갖고 기여해야 한다. 국민들도 자신만의 성공에서 벗어나 이웃을 배려하는 사회적 가치를 추구해야 한다.

KAIST 총장으로 재임하는 동안 60개국 250여 명의 외국 주요 인사들의 방문을 받았다. 그들은 한결같이 대한민국이 지난 반세기에 이룬 놀라운 발전에 찬사를 보내면서, 우리의 성공 모델을 국제사회에 전파함으로써 미래 인류의 발전과 번영에 기여하기를 원했다. 이런 관점에서 우리나라 과학기술계가 다급하게 수행해야 할 연구 분야가 21세기 인류의 최대 위협인 감염성 질환 예방과 기후변화 대응이다.

감염성 질환 예방 연구

21세기 인류가 직면한 최대 위협은 감염성 질환임을 코로나19 팬데믹을 통해 절실히 체험하고 있다. 코로나19 바이러스는 2019년 말 중국 우한에서 처음 발생한 후 3개월 만에 전 지구적인 대유행병이 되었다. 20여 개월이 지난 지금도 인류는 고통의 터널에서 벗어나지 못하고 있다.

지난 100년 인류사회에는 코로나19를 포함해 총 4번의 팬데믹이 있었다. 1918년 독감 바이러스, 일명 '스페인 독감'으로 5천만 명 이상이 사망했다. 이후 코로나 바이러스에 의해 2002년 사스, 2015년 메르스, 2019년 코로나19가 발발한 것이다. 팬데믹 수준은 아니더라도 우리가 인지하지 못하는 감염성

■ 21세기에 출현한 감염성 질환 70여 종 ■

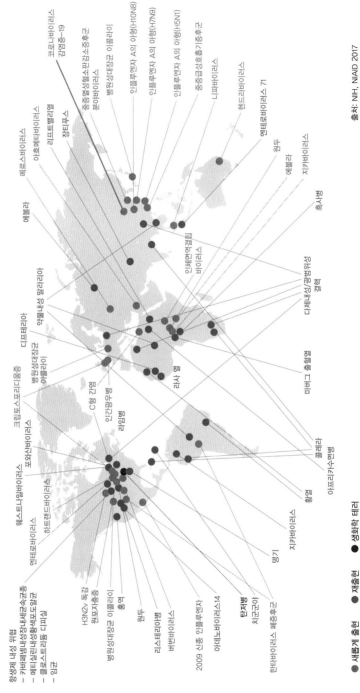

항생제 내성 위험
- 카바페넴내성장내세균속균종
- 메티실린내성황색포도알균
- 클로스트리듐 디피실
- 임균

출처: NIH, NIAID 2017

● 새롭게 출현   ● 재출현   ● 생화학 테러

질환도 수없이 많다. 미국 국립보건원NIH 및 국립알레르기·전염병연구소NIAID의 보고에 의하면, 21세기에 새롭게 출현했거나 재출현한 감염성 질환이 70여 종에 이른다.

감염성 질환을 일으키는 미생물은 두 종류가 있다. 하나는 0.1마이크로미터 크기의 바이러스로 코로나, 사스, 에이즈, 인플루엔자 등의 원인이다. 미세먼지 100분의 1 크기로, 맨눈으로는 볼 수 없고 전자현미경을 통해서 관찰해야 한다. 숙주에 기생하는 반생명체로서 RNA나 DNA 중 한 가지 핵산만 가지고 있어 자체 증식이 불가능하다. 인체에는 90여 종의 바이러스가 총 3천조 개 있다고 알려져 있다. 인간의 세포가 30조 개이니, 100배나 많은 바이러스가 인체에 있는 것이다.

감염성 질환을 일으키는 또 다른 미생물은 1~5마이크로미터 크기의 박테리아로 결핵, 콜레라, 폐렴, 파상풍 등의 원인이다. RNA와 DNA 두 핵산을 모두 가지고 있어 자체 증식이 가능한 단세포 생명체. 인체에 1만여 종의 박테리아가 총 39조 개 있는 것으로 보고되었다.

인간은 필연적으로 천문학적인 수의 바이러스 및 박테리아와 공존하며 살아가야 하는 운명이다. 박테리아는 2차 감염이 거의 없어 그나마 치료하기가 용이하다. 하지만 바이러스는 2차·3차 감염되어, 일단 질병이 발발하면 팬데믹이 될 가능성이 높다. 또한 변이가 잘 일어나 치료가 더 어렵다. 최초의 코로나 바이러스가 사스 질환을 일으켰고, 첫 번째 변이 코로나 바이러스가 메르스 질환을, 그리고 두 번째 변이 코로나 바이러스가 코로나19 감염병을 야기했다.

감염성 질환의 원인인 바이러스와 박테리아는 21세기 도시화로 인한 인구 밀집, 세계화로 인한 사람의 이동 증가, 생태계 파괴 및 지구온난화 등으로 더욱 빠르게 전파 및 증폭될 것으로 전망된다.

감염성 질환을 퇴치하는 궁극적인 해법은 백신 및 치료제 개발이다. 문제는 신약 개발하는 데 걸리는 긴 기간과 엄청난 연구 개발비다. 후보물질을 발굴하고 동물 대상 전임상시험을 시행하는 단계까지 최소 3년이 걸리고, 사람 대상의 1·2·3상 단계에 6년은 소요되며, 임상 후 상용화까지는 통상 1년이 걸린다. 1만여 개의 초기 후보물질 중 한 개의 신약이 탄생하기까지 최소 10년이 걸리는 것이다.

코로나19 백신으로 우리나라에서 접종되고 있는 화이자, 모더나, 아스트라제네카, 얀센, 노바벡스 등은 미국과 영국에서 20~30년 전에 시작한 신약 개발 기초 연구의 결과다. 우리나라는 감염성 질환 연구 및 개발에서 선도국에 비해 전문가가 부족하고 연구비도 미미해 많이 뒤처져 있다.

우리나라가 감염성 질환 연구 분야의 선도국 반열에 진입하고, 나아가 인류사회의 건강과 안전에 기여할 수 있는 나라가 되기 위한 효과적인 국가 전략은 무엇인가? 단기적으로는 우리나라의 신약 생산 능력을 십분 활용해 세계 주요 백신 개발 업체와 제휴하고 백신 생산 허브국으로 도약하는 것이다. 우리나라의 정보통신기술 및 제조업 역량을 활용해 감염병 보호, 응급 대응, 복구 단계에서 필요한 통기성 스마트 방어복, 이동형 음압병실 등 다양한 하드웨어 장비를 개발하는 전략도 있다.

중장기적으로는 항감염병 전문 연구소 설립, 변이 바이러스에 대비한 범용 백신 개발에 집중해야 한다. 우리나라는 백신 개발의 후발주자지만 범용 백신을 개발하면 백신 선도국으로 도약할 수 있을 것이다. 최근 기초과학연구원 산하에 작은 규모의 감염병 전문 연구소가 출범하게 된 것은 그나마 다행이지만, 가까운 장래에 독립 연구소로서 규모를 확대 개편해야 할 것이다.

기후변화 대응 연구

기후변화는 21세기 인류가 직면한 또 하나의 큰 위협이다. 각 나라의 산업화 과정에서 배출된 이산화탄소 등 온실가스로 인한 온난화 현상으로 지구 평균 온도가 50년 전보다 0.5도 상승해 이상 홍수 및 가뭄 현상이 지구 도처에서 일어나고 있다. 특히 북극의 온도는 2도 이상 상승해서 영하의 영구동토층이 해빙되기 시작해 지구 생태계가 급격히 변화하고 있다. 이런 온난화 추세라면, 2030년경 전 세계 인류 40퍼센트가 물 부족에 시달리고, 2050년경 기후난민이 10억 명을 돌파하며, 2100년경에는 전 세계 기온이 4도 이상 상승해 거주 불능의 지구가 될 것으로 예측된다.[33]

이런 기후변화에 대응하기 위한 연구는 우리나라의 안전은 물론이고 지속 가능한 지구촌을 위해 국제사회에 기여할 수 있는 매우 중요한 연구 분야다. 2015년 파리기후변화협약을 통한 신기후체제가 출범하면서 온실가스 감축 의무 국가로 195개국이 참여했다. 특히 미국, 유럽연합, 일본 등 세계 120여 국가가 2050년까지 탄소 순배출량을 0으로 만드는 '탄소중립Carbon Neutrality' 달성을 선언했는데, 우리나라도 2020년 10월 동참했다. 이제 탄소중립은 인류의 미래를 위해 선택이 아닌 필수가 되었다.

우리나라는 현재 이산화탄소 배출 세계 7위, 1인당 이산화탄소 배출량 세계 6위 국가다. 2050년까지 탄소중립을 달성하기 위해서는 매년 8퍼센트 이상의 온실가스 감축이 이루어져야 한다. 전 지구적으로 보면, 전력 생산으로 인한 온실가스 배출량이 전체 온실가스 배출량의 39퍼센트로 가장 많고 교통(24%), 산업(23%), 건물(9%) 순이다. 향후 에너지 수요가 급증함에 따라, 적극적인 온실가스 저감 대책이 시행되지 않으면 온실가스 배출량의 50퍼센트 이상이 전력 생산에 의할 것으로 전망된다.[34] 따라서 탄소중립을 달성하기 위해서는 전력 생산, 교통, 산업 분야에서 국가적 차원의 에너지 정책 로드맵을 가지고 과학기술 개발전략을 추진해야 한다.

무엇보다 먼저 탄소 배출의 주범인 화석연료 에너지(석탄, 가스, 석유)를 대체할 탈탄소 에너지(수력, 태양광, 풍력, 수소, 원자력, 핵융합) 연구개발 및 생산을 위한 국가 포트폴리오가 필요하다. 2019년 기준 우리나라 전력 생산에 사용되는 연료로는 석탄이

■ 전 세계 분야별 온실가스 배출 비중(왼쪽)과 한국의 에너지원별 발전 비중(%) ■

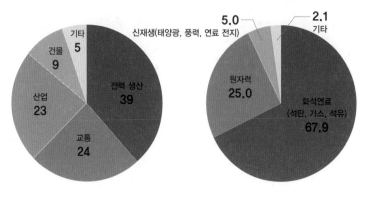

출처: 브리티시페트롤리엄, 2019

전체 연료의 40.8퍼센트, 가스 25.8퍼센트, 석유 1.3퍼센트, 원자력 25퍼센트, 신재생 에너지(태양광, 풍력, 연료전지 등) 5.0퍼센트를 차지한다. 화석연료 에너지 비율이 총 에너지 생산의 3분의 2를 차지하고 있으니, 그 비율을 감소시키는 것이 국가적으로 큰 도전 과제라고 할 수 있다.[35]

탄소를 배출하는 주원인이 화석연료인 상황을 고려할 때, 신재생 에너지 생산단가 문제가 해결되지 않는 한 원자력 에너지 사용은 당분간 피할 수 없는 선택이다. 중국, 러시아, 영국, 프랑스 등은 이미 원자력 에너지에 대한 중요성을 인식해 국가 차원에서 새로운 기술 개발과 산업 육성에 적극 나서고 있다. 특히 미국의 경우, 민주당은 원자력 에너지 사용을 줄곧 반대해왔지만, 지구온난화 위기 상황에서 원자력 에너지의 필요성을 재인식하고, 바이든 정부가 최근 원자력 에너지 개발 정책으로 급선회한 것을 주목해야 한다.

한편, 탄소 포집 기술 개발과 더불어 발생한 탄소를 자원으로 활용하는 탄소자원화 기술 개발을 추진해야 한다. 국가적 딜레마는 온실가스 배출량의 40퍼센트가 화력발전 등 전력 생산에 의한 것이고, 23퍼센트가 우리의 주력 산업인 철강과 석유화학 제품 등에 의한 것이어서, 온실가스의 일방적인 감축은 국가 에너지 공급 및 산업 경쟁력에 큰 타격을 초래할 것이라는 점이다. 그래서 나온 역발상 아이디어가 골칫거리인 탄소를 오히려 이용해서 자원화하자는 것이다.

탄소자원화 기술 개발은 크게 3가지로 추진할 수 있다. 첫째, 화력발전에서 생성되는 이산화탄소를 포집해 플라스틱 원료나 액체연료로 전환하는 것이다. 둘째, 철강과 석유화학 등의 산업에서 배출되는 부생가스를 분리 정제해서 기초화학 원료나 액체연료로 전환하는 것이다. 셋째, 마지막으로 이산화탄소를 광물화하는 기술을 개발하는 것이다. 예를 들어, 시멘트 생산에서 배출되는 이산화탄소와 산업·발전 폐기물을 결합해 그린시멘트를 개발한다든지, 이산화탄소와 폐지를 결합해 친환경 고급 용지를 생산하는 식이다.[36]

우리의 새로운 탈탄소 에너지 기술과 탄소자원화 기술 및 관련 비즈니스 모델을 파리기후변화협약 당사국들과 공유한다면 대한민국이 인류 난제 해결의 중심국으로 도약하는 기회가 될 것이다.

글로벌 가치 창출 인재 양성

4차 산업혁명 시대의 인재

우리나라의 고등교육 이수율은 세계 2위지만 질적으로는 미흡하다. 특히 이공계 분야의 고등교육 이수율은 37퍼센트로 OECD 평균인 23퍼센트를 훨씬 상회하지만, 자격을 갖춘 엔지니어 배출 수 순위는 세계 23위로 평가된다. 한 언론사의 설문조사에 의하면, 공대 학장 10명 중 9명이 대학이 기업과 사회가 요구하는 인재를 배출하지 못하고 있다고 응답했다. 지금까지 우리가 모방·응용형 인력을 양성해왔다면, 앞으로는 새로운 지식과 가치를 창출하는 창의적 인력을 양성해야 한다.

그렇다면 21세기 4차 산업혁명 시대가 필요로 하는 인재는 어떤 자질을 갖춰야 할까?

첫째, 창의성이다. 4차 산업혁명 사회에서 인간은 AI로봇과 경쟁해야 한다. 우리는 로봇에게 암기력과 정보력은 이길 수 없다. 결국 호모사피엔스의 존재가치는 창의성이다.

둘째, 융복합 능력이다. 4차 산업혁명 시대 새로운 지식 창출과 비즈니스는 대부분 분야를 초월한 융복합을 통해 일어난다.

셋째, 협업 마인드다. 디지털 변환이 가속화되면서 초연결 사회, 공유 사회가 다가오고 있다. 상대방과의 경쟁이 아닌 협력이 중요한 시대다.

넷째, 의사소통 능력이다. 급변하는 초연결 수평 사회에서 자기 의사를 효과적으로 전달하고 다른 사람들에게 감동을 줄 수 있는 스토리텔링 능력이 있어야 한다.

다섯째, 마지막으로 세계 시민의식과 책임감이다. 자신의 발전뿐 아니라 인류사회 전체의 발전에 기여하고자 하는 태도와 책임감을 길러야 한다.

성공지향에서 가치지향 교육으로

지난 반세기 한국 교육은 가난에서 탈출하기 위해 개인의 성공에 목표를 두고 능력을 계발하는 '성공지향' 교육이었다. 세계적으로 알아주는 것이 우리나라의 교육열이다. 오바마 전 미국 대통령이 한국의 교육열을 자주 언급하며 부러워한 사실은 널리 알려져 있다. 그렇게 높은 교육열이 대한민국의 기적적인 성장에 커다란 동인으로 작용했다.

그러나 우리가 이제 취약국가에서 탈피해 명실공히 세계 초일류 선도국이 되기 위해서는 교육의 목표가 '성공지향'에서 한 단계 더 나아가 '가치지향'으로 바뀌어야 한다. 개인의 성공에 자족하지 않고, 그 성공을 바탕으로 사회의 발전적 변화를 위해 가치 있는 일을 추구하는 인재를 양성해야 하는 것이다. 나아가 글로벌 사회에서 인류의 번영과 발전에 기여하는 인재를 양성하는 데 교육의 궁극적인 목표를 두어야 한다.

4차 산업혁명이라는 화두를 던진 슈밥 세계경제포럼 회장도, 4차 산업혁명이 나갈 방향이 인간 중심의 인본주의이기에 새로운 기술의 혜택이 소수에게만 집중되지 않고 모두에게 돌아가도록 하는 '가치 기반 리더십Values-based Leadership'의 중요성을 강조했다.[37] 우리나라가 이런 가치지향적 인재를 국제사회에 배출할때 대한민국의 국격이 높아지고 초일류 국가 국민으로 존경받을수 있다.

이공계 대학 교육 혁신

4차 산업혁명에 의한 디지털 초연결화와 코로나19로 인한 비대면 사회가 뉴노멀이 되면서, 온라인 교육의 가상대학Virtual University이 주목받고 있다. 이런 상황에서 과연 대면 교육 위주의 물리적 대학Physical University이 존속할 수 있을지에 대한 논의가 교육계에서 뜨겁게 진행되고 있다. 피터 드러커는 1997년 〈포브스〉에 "30년 정도 지나면 건물이 있는 물리적 대학은 유물이 될 것"이라는 과격한 예측을 하기도 했는데, 이에 대한 논쟁도 활발하다.

반론도 만만치 않다. 창의적인 생각, 융복합 연구 수행, 명문 대학 동문 교류를 위해서는 대면 접촉의 물리적 대학이 중요하다고 주장한다. 그러나 확실한 것은, 물리적 대학은 점차 줄어들 것이라는 점이다. 미국의 경우 현재 4,700여 개의 대학 중 10퍼센트 이상이 20년 내에 사라질 것으로 예측되고 있다.

우리나라 상황은 더 심각하다. 이미 2018년 고등학교 졸업자 수가 대입 정원보다 적었다. 10년 후면 그 수가 현재 대입 정원의 3분의 2밖에 되지 않아 대학의 3분의 1은 없어질 수밖에 없다. 이미 많은 대학이 구조조정에 돌입했다. 앞으로는 교육과 연구에 차별화된 비전과 전략을 가진 대학만이 생존할 수 있다.

이런 상황을 직시할 때, 우리나라 200여 개의 4년제 대학이 대부분 '연구 중심 대학'을 표방하고 있는 것은 바람직하지 않다. 연구 중심 대학의 경우 교수 대다수가 연구와 논문 집필에 집중하기 때문에 교육, 특히 학부 교육이 부실해질 수밖에 없다. 그래서 인력 공급과 수요에 질적인 격차가 생겨, 기업이 막대한 재훈련 교육비를 투입하고 있는 것이다. 우리나라 4년제 대학 중 75퍼센트는 기업체가 필요로 하는 인력 양성을 위한 '교육 중심 특성화 대학'으로 자리매김하는 것이 바람직하다고 생각한다.

미국의 경우 4,700여 개의 대학 중 6퍼센트 정도만 연구 중심 대학이며 나머지는 교육 중심 특성화 대학이다. 대표적인 대학

두 곳을 살펴보자.

캘리포니아에 위치한 하비머드대학교Harvey Mudd College는 1955년에 설립된 4년제 사립 공과대학으로, 미국 공과대학 중 1위로 평가되고 있다. 한 학년에 200명의 학생을 선발하는데, 학생들은 5~6명씩 팀을 구성해 기업이 풀지 못한 문제를 새로운 아이디어로 해결하는 교육과정을 거친다. 이 대학 졸업생에 대한 기업의 선호도가 매우 높아, 졸업생들 중 기업 중견간부 연봉이 미국에서 가장 높다.

매사추세츠주의 올린공과대학교Olin College of Engineering는 1997년에 설립되었으며, 총 학생 수가 350명 수준이다. 학과가 없고, 영년직 교수도 없다. 저학년 때 기초과학과 공학 과목을 이수하고, 고학년 학생은 프로젝트 기반의 교육을 주로 받는다. 인근 기업에서 제시한 문제들을 푸는 '스코프SCOPE'라는 프로그램을 운영하고 있다. 미국 공과대학 중 3위로 평가된다.

두 대학교의 공통점은 무학과 교육 시스템과 기업 현장 문제 해결을 위한 팀 기반 학습Team-based Learning을 한다는 것이다.

21세기 사회 및 교육계의 변화를 주목하면서 우리나라 이공계 대학 교육 혁신 방안을 다음과 같이 제시한다.

첫째, 학부 과정에 무학과 제도를 도입해야 한다. 전통적인 학과 장벽을 초월해 융복합 능력을 함양할 수 있는 기초교육을 강화하는 것이다. 학생들에게 물리, 화학, 생물학 등 기초과학과 함께 AI, 빅데이터, 통계, 자동제어, 산업디자인 등 기초공학을 탄탄히 가르쳐야 한다. 이를 통해 학생들은 급변하는 과학기술에 쉽게 적응하고 세부 전공에 가서도 뛰어난 학습 능력을 보여줄 것이다. 또한 이런 좌뇌 교육과 더불어 우뇌 교육을 통해 인문·사회 및 인성 교육을 보완하고 소통 능력, 스토리텔링 능력을 키워줄 필요가 있다.

둘째, 기업가정신 교육을 실시해야 한다. 대학의 2차혁명은 기업가정신을 가르치는 것이다. 기업가정신 교육은 지식의 경제적 부가가치 창출 능력과 도전정신을 키우는 것이다. 1930년대 미국 스탠퍼드대학교가 가장 먼저 이 교육을 시작했고, 이후 학문 중심의 상아탑이 될 것을 주장하던 대학들이 본격적으로 기업가정신 교육을 시행하고 있다. 스웨덴의 경우 대학 전공에 관계없이 기업가정신 교육을 필수 과목으로 요구한다.

셋째, 리더십 교육을 실시해야 한다. 21세기 기술패권 시대에 다양한 분야에서 이공계 출신들의 리더십을 요구하고 있다. 20년 전에는 우리나라 100대 기업의 CEO 중 3분의 1 정도가 이공계 출신이었다. 그러나 지금은 절반 정도까지 증가했으며, 이 비율은 점점 늘어날 것이다. KAIST에서는 학생들이 갖춰야 할 리더십 덕목으로 도전, 창의, 배려, 신뢰, 정의, 소통, 글로벌 매너 등 7가지를 정하고 이에 대한 교육을 시행하고 있다.

넷째, 대학원에서는 융복합 전공 교육 및 연구를 활성화해야 한다. 전통적인 학과를 탈피해 융복합 전공을 도입하고, 융복합 교과목을 개발해야 한다. DGIST의 경우 신물질과학, 정보통신 융합, 로봇공학, 에너지공학, 뇌인지과학, 뉴바이올로지 등 대학원 전공이 모두 융복합 분야이다. 연구실을 초월한 융복합 연구를 활성화하기 위해 벽이 없는 실험실 구조가 바람직하다.

다섯째, 마지막으로 전자 교재E-book 도입을 활성화해야 한다. 현재 사용하는 종이 교재는 대부분 오래전에 집필되었다. 예를 들어, 일반물리학 교과서로 많이 활용되는 데이비드 할리데이의 《일반물리학》은 반세기 전에 쓰여진 것을 몇 차례 수정하면서 지금에 이르고 있다. 지식은 엄청나게 빨리 변화하고 발전해가는데 이것을 종이 교재에 어떻게 반영할 수 있겠는가? 전자 교재만이 시의적절하게 반영할 수 있을 것이다.

DGIST는 대부분의 교재를 전자 교재로 개발했다. 아이패드 같은 태블릿PC에 교재를 탑재해 사용한다. 전자 교재는 계속 업데이트할 수 있으며, 교수와 학생이 오프라인에서뿐만 아니라 온라인에서도 소통할 수 있도록 도와준다. 그리고 어디서나 교재를 접할 수 있다.

또한 다양한 기능들이 있어 학습효과를 높여준다. 물리학 교재를 공부하다가 벡터에 대해 좀 더 공부하고 싶으면 크로스오버 기능을 활용해 수학 교재로 넘어가서 벡터에 대한 강의를 들을 수 있다. 생물학 교재로 공부할 때는 단백질같이 복잡한 구조의 물질을 3D 동영상을 통해 좀 더 실감나게 이해할 수 있다. 여기에 학생들이 새로운 지식을 접할 수 있도록 최근 노벨상 수상자의 강연을 저장해둘 수 있다. 게다가 학생과 교수가 토론한 내용을 교재에 포함함으로써 후배들은 선배들이 해당 학습 내용에 대해 어떻게 생각하고 있었는지를 알 수 있으며, 교수들도 이를 통해 교재를 보완해나가면서 지속적으로 새롭게 만들어갈 수 있다.

향후 반세기 KAIST의 비전

세계 선도국의 초일류 대학들은 한결같이 인류사회에 기여하고 봉사하는 가치지향적 인재 양성을 대학의 사명으로 삼고 있다. 세계 최고의 이공계 중심 대학인 미국 MIT는 "21세기 국가와 세계에 최선을 다해 봉사하는 연구와 인재 양성을 대학의 사명"으로 삼는다. 영국 최고 대학인 케임브리지대학교는 "교육과 배움과 연구 추구를 통해 사회에 기여하는 것이 케임브리지대학교의 사명이다"라고 명시하고 있다.

KAIST는 대한민국의 대표적인 이공계 대학으로서 지난 반세기 산업화 과정에서 절실히 필요한 이공계 인재 양성을 교육 목표로 삼았다. 그동안 14,500여 명의 박사를 포함해 7만여 명의 졸업생을 배출했고, 이들은 산업체·대학·연구소·정부에서 핵심 인력으로 활약하고 있다. 우리나라 과학기술계 리더급 인력의 23퍼센트, 세계 최고 경쟁력을 가진 국내 반도체 산업 박사급 인력의 25퍼센트가 KAIST 졸업생이다. 우리나라 산업화 성공과 정보화 혁신에 중추적인 역할을 담당하면서 국가 발전에 기여해 온 이들이다. 50여 년 전 KAIST 설립 타당성 보고서인 일명 '터먼 보고서Terman Report'에 기술된 원대한 꿈과 교육의 목표는 성취되었다.[38]

초일류 국가를 지향하는 국가적 상황에서 KAIST의 새로운 시대적 역할은 무엇인가? KAIST는 다음 반세기를 바라보며 '글로벌 가치 창출 선도 대학'을 새로운 비전으로 설정했다. 세계를 선도하는 학문적 가치, 기술적 가치, 경제적 가치, 그리고 궁극적으로 사회적 가치 창출을 통해 대한민국, 나아가 인류사회의 발전과 번영에 기여하는 대학이 되자는 것이다. 이런 원대한 비전의 성취를 위해 도전Challenge, 창의Creativity, 배려Caring의 C³ 정신을 KAIST의 핵심 가치 및 교육 인재상으로 정했다. 특별히 이공계 중심 대학에서 '배려'를 교육 인재상에 포함한 것은, 과학기술 연구의 목적이 자신만의 성공이 아니라 사회적 가치 창출과 인류의 행복임을 각인시켜주기 위해서다.

많은 취약국가가 과학기술 발전을 기반으로 경제성장을 이룬 대한민국을 주목하고 이를 벤치마킹하고 싶어 한다. 특별히 우수 이공계 인력 양성을 위해 자국에 KAIST 같은 대학을 설립하는 데 도움을 요청하고 있다. 대한민국이 지구촌 발전에 기여할 수 있는 좋은 기회일 뿐 아니라 우리나라의 지경을 세계로 넓힐 수 있는 절호의 기회인 것이다.

첫 사례로 '케냐 KAIST 설립 프로젝트'가 진행되고 있다. 50여 년 전 한국과 케냐는 1인당 국민소득이 100달러 수준으로, 두 나라 모두 최빈국이었다. 그러나 반세기 만에 한국은 3만 달러 이상으로 증가했고, 케냐는 1,700달러로 여전히 빈국에 머물러 있다. 대한민국의 성장을 벤치마킹해 2030년까지 중진산업국 진입을 목표로 '케냐 비전 2030'을 2008년 수립했다. 이 비전을 달성하기 위해서 우수 이공계 인재 양성의 중요성을 인식하고, 케냐 정부의 요청으로 KAIST가 '케냐과학기술원Kenya Advanced Institute of Science and Technology'을 설립했다.

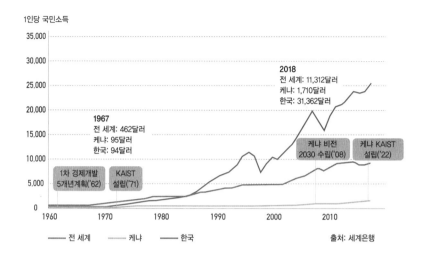

■ 지난 반세기 케냐 대 한국 1인당 국민소득 변화(USD) ■

1인당 국민소득

2018
전 세계: 11,312달러
케냐: 1,710달러
한국: 31,362달러

1967
전 세계: 462달러
케냐: 95달러
한국: 94달러

1차 경제개발
5개년계획('62)

KAIST
설립('71)

케냐 비전
2030 수립('08)

케냐 KAIST
설립('22)

—— 전 세계   —— 케냐   —— 한국

출처: 세계은행

50여 년 전 미국의 차관으로 설립된 KAIST가 반세기 만에 세계적인 대학으로 발전해, 이제 한국 정부의 차관으로 케냐에 대학을 설립하는 것이다. KAIST가 교육·연구 프로그램 작성뿐 아니라 건물 설계 및 건설을 책임지고 프로젝트를 진행하고 있다. 대한민국 역사상 최초로 대학을 통째로 수출하는 셈이다. 향후 케냐과학기술원에서 교육받은 우수 인재들은 케냐 발전에 기여할 뿐 아니라, 친한파로서 케냐와 아프리카에 대한민국의 경제·사회 영토를 넓히는 데 교량 역할을 할 것이다.

대한민국
과학기술
미래전략

5

차세대 먹거리 산업 육성

- 바이오헬스 산업
- 시스템 반도체 산업
- 디지털 데이터 산업
- 이차전지 산업
- 첨단소재 산업

우리나라는 연구개발비 규모가 미국이나 중국 등 경쟁국에 비해 상대적으로 작기 때문에 '선택과 집중'을 잘해야 한다. 산업의 글로벌 시장 규모, 연구개발 수준, 그리고 연구개발 우수 전문인력 확보 가능성 등을 면밀히 고려해서 교집합에 해당하는 영역을 전략적으로 선택해 집중적으로 육성해야 하는 것이다.

4차 산업혁명 시대 우리나라 차세대 먹거리 산업으로 바이오헬스, 시스템 반도체, 디지털 데이터, 이차전지, 첨단소재 등 5대 산업 분야를 제시한다.

바이오헬스 산업

우리나라는 1973년 중화학 입국 선언을 통해 기계·화학 산업을 육성하면서 국민소득 2만 달러 시대에 진입했다. 1983년 다시 정보 산업 입국 선언을 하고 반도체 및 전자 산업을 발전시키면서 세계적인 국가 경쟁력을 확보해 국민소득 3만 달러를 넘어섰다.

이제 차세대 먹거리 산업으로 국가 차원에서 키워야 할 첫 번째 분야가 바이오헬스 산업이다. OECD도 2030년경 전 세계가 바이오경제 시대로 접어들 거라고 예측했다. 미국 경제잡지 〈포천〉이 선정한 50대 기업 중 84퍼센트가 바이오헬스 산업과 연관되어 있다.[39]

바이오헬스 분야의 세계 시장 규모는 2019년 기준 2,000조 원으로, 2024년경에는 2,900조 원으로 빠르게 확대되어 우리나라 3대 수출 산업인 반도체, 자동차, 화학제품을 모두 합친 시장 규모를 능가할 것으로 전망된다. 더욱이 코로나19로 세계 시장 규모는 더욱 가속적으로 확대될 것이다.

우리나라의 바이오헬스 분야 세계 시장 점유율은 현재 약 2퍼센트 수준이다. 만약 이 분야에서 현재 반도체 및 전자 산업의 세계 시장 점유율 24퍼센트를 달성할 수 있다면 국가 경제발전의 커다란 도약을 견인하면서 새로운 효자 산업으로 자리매김할 것이다.

더욱이 우리나라는 세계에서 가장 빠른 속도로 초고령화 사회를 맞이하고 있다. 현재의 추세라면 2023년 총인구 중 65세 이상 고령 인구가 20퍼센트 이상인 초고령화 사회에 진입하고, 2050년경에는 그 비율이 44퍼센트로 증가할 것으로 예상된다. 그런데 3가지 이상의 만성질환을 가진 노인이 50퍼센트가 넘어 유병 기간은 증가하고 건강 수명은 감소하고 있다. 이로 인한 연간 노인 진료비가 2019년 기준 31조 7천억 원으로, 10년 전에 비해 2배 이상 증가했다. 따라서 '건강 노화 사회' 구현을 위해서도 바이오헬스 산업 육성이 국가적으로 매우 중요한 시기다.

바이오헬스 산업을 육성해야 한다는 필요성은 이미 수년 전부터 국가과학기술자문회의 및 여러 유관 단체에서 꾸준히 제기되었다. 우리 정부도 바이오헬스 산업을 차세대 성장동력으로 육성하겠다는 의지를 담아 2019년 5월 '바이오헬스 산업 혁신 전략'을 발표했고, 2021년 약 5천억 원의 예산을 투입했다.

바이오헬스 산업 분야는 미국, 영국, 스위스 등 선진국이 주도하고 있기 때문에 진입장벽이 매우 높아서 함부로 넘볼 수 없었

출처: 김선창, KAIST

다. 그런데 코로나19 위기로 K-방역, 진단키트 수출 등을 통해 한국이 방역 모범 국가로 전 세계의 주목을 받으면서 진입장벽이 낮아졌다. 최근 바이오헬스 분야의 기업 대표들을 만나면 한결같이 "대한민국을 바라보는 해외의 시각이 이전과는 크게 달라졌다"는 이야기를 한다. 코로나19 위기가 도리어 선진 국가가 독점해온 바이오헬스 산업 분야에 우리나라가 뛰어들 수 있는 절호의 기회다. 윈스턴 처칠Winston Churchill의 표현처럼, 낭비해서는 안 되는 '좋은 위기Good Crisis'가 된 것이다.

바이오헬스 산업에는 의약품, 의료기기, 재생의료, 헬스케어 분야가 있는데 우리나라 바이오헬스 산업은 현재 의약품 및 의료기기 위주로 형성되어 있다. 재생의료 및 헬스케어 분야는 아직 초기 단계다. 향후 세계 최고 수준의 정보통신기술 경쟁력을 기반으로 디지털 헬스케어 분야의 경쟁력을 키워나가는 것이 바람직하다. 유전체 분석, 원격의료, 정밀의료, 웨어러블 의료기기에 지능정보 기술이 융합되면 바이오헬스 분야에서 새로운 부가가치 및 산업을 창출할 수 있을 것이다.

우리나라가 빠른 시일 내에 이 분야 산업에서 글로벌 경쟁력을 확보하기 위해서는 다음과 같은 전략이 필요하다.

첫째, 바이오헬스 산업 역시 승자독식 분야이므로, 세계 최고거나 최초거나 유일한, 소위 BFO 연구를 철저히 지향해야 한다. 따라서 긴 호흡의 장기적인 연구개발 투자가 필요하다.

둘째, 연구 성과를 빠르게 기술사업화해야 한다. 이를 위해서는 연구개발 초기 단계부터 산·학 협업을 추진해야 한다. 연구 기획 및 착수 단계에서부터 기업과 시장의 기술 수요를 파악하고, 연구 결과를 곧 사업화로 연결할 수 있는 체계를 갖추기 위해서는 산·학의 긴밀한 교류와 협업이 중요하다. 이를 위해 대학 연구실과 기업 연구원이 같은 공간에서 협업하는 것이 바람직하다. 이런 관점에서 최근 세종시에 KAIST '바이오합성연구단 R&D센터'와 바이오 기업들이 한 건물에 입주해 공간적으로 긴밀한 협업 플랫폼을 구축한 것은 큰 의미가 있다.

셋째, 바이오헬스 신산업과 서비스 창출을 가속화하기 위해서는 의료 선진국 수준의 발 빠른 규제 개혁이 필요하다. 국가과학기술자문회의에 따르면 세포치료 연구용 인체 자원 활용 제한 완화, 유전자치료 연구범위 제한 완화, 의료기의 신의료기술 평가 제도 개선, 디지털헬스 산업 활성화 기반 마련, 상시 규제 개선 시스템 구축 등을 예로 들 수 있다. 이를 위해서는 '되는 것만 빼고 모두 안 된다'고 규정하는 포지티브 시스템에서 '안 되는 것만 빼고 모두 된다'는 식으로 자율성을 강조하는 네거티브 규제 체계로 전환해야 한다.

넷째, 마지막으로 기업이 사업화 과정에서 시행착오를 줄이고 안정성과 유효성을 확보하기 위해 신기술 기반의 제품과 서비스를 실증할 수 있는 '테스트 베드'가 절실히 필요하다. 이를 위해 기관과 지자체의 협력이 요구된다.

시스템 반도체 산업

반도체 산업은 우리나라 수출의 20퍼센트를 차지할 정도로 매우 중요한 효자 산업이다. 사실 반도체는 4차 산업혁명 시대 국가의 중요한 전략 물자로 부상하고 있어 기술 선진국들이 국가 차원에서 육성하고 있다. 미국은 반도체를 국가안보 전략 물자로 간주하고 중국과 경쟁에서 기술적 우위를 지속적으로 유지하기 위한 '반도체 장기 리더십' 국가 전략을 수립했다. 2021년 1월 존 바이든 정부가 들어서면서 500억 달러의 연구개발 예산을 투입할 계획이다. 한편 중국은 지난 2015년부터 '반도체 굴기'를 국가 목표로 세우고 10년간 170조 원을 투자하고 있다.

반도체는 D 램DRAM 및 낸드플래시NAND Flash 메모리 반도체와 IDM CPU, 팹리스Fabless, 파운드리 등의 시스템 반도체로 분류

된다. 전 세계 반도체 시장은 2020년 기준 4,300억 달러 규모인데, 이중 27퍼센트가 메모리 반도체 시장이고 나머지는 시스템 반도체가 차지하고 있다.

우리나라는 전 세계 반도체 시장에서 24퍼센트를 점유하며 미국에 이어 2위를 차지하고 있다. 특히 메모리 반도체 분야에서 세계 최고의 기술 경쟁력을 보유하면서 글로벌 시장의 64퍼센트를 점유하고 있다. D램 메모리의 경우 삼성전자(42%)와 SK하이닉스(29%) 두 회사의 세계 시장 점유율이 71퍼센트에 달한다. 낸드플래시의 경우도 삼성전자가 세계 시장 점유율(33%) 1위를, SK하이닉스(12%)가 4위를 차지하고 있다.

반면, 시스템 반도체 분야는 세계 시장 점유율이 3퍼센트 수준으로 매우 취약하다. 반도체 설계에서 생산까지 전 과정을 책임지는 IDM CPU는 인텔이, 반도체 설계와 개발을 전문화한 팹리스는 AMD와 엔비디아NVIDIA, 퀄컴Qualcom 등 미국 기업이 독점하고 있다. 반도체 제작을 전문으로 하는 파운드리의 경우 타이완의 TSMC가 세계 시장 점유율 51퍼센트로 독보적 1위고, 다음이 삼성으로 19퍼센트를 확보하고 있다.

IC인사이츠IC Insights 등 글로벌 시장조사 업체에서는 향후 반도체 수요가 지속적으로 증가하리라고 예측한다. 특히 차량용 반도체, 스마트폰 반도체, AI 반도체 수요의 증가가 클 것으로 보고 있다. 자동차에는 평균 300개의 시스템 반도체가, 스마트폰에는 30개가 소요된다. 자동차 시스템 반도체의 경우, 공급 부족으로 전 세계 자동차 업체의 생산이 지연되고 있는 상황이다.

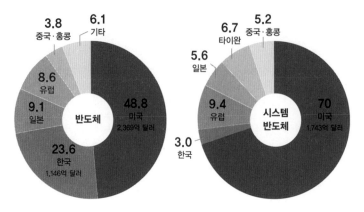

■ 세계 반도체 및 시스템 반도체 국가별 시장 점유율(%) ■

3.8 중국·홍콩
6.1 기타
8.6 유럽
9.1 일본
48.8 미국 2,369억 달러
반도체
23.6 한국 1,146억 달러

6.7 타이완
5.2 중국·홍콩
5.6 일본
9.4 유럽
70 미국 1,743억 달러
시스템 반도체
3.0 한국

출처: 한국반도체산업협회

2021년 반도체 시장의 지난해 대비 성장률은 24퍼센트로 예상되고, 이런 반도체 산업의 호황이 10년은 이어질 거라고, 인텔의 CEO 패트릭 겔싱어Patrick Gelsinger는 예단한다. 이는 4차 산업혁명으로 인한 디지털화가 가속화되면서 이를 위한 인공지능, 빅데이터 처리, 클라우드, 5G, 자율주행차, IoT, 실감형 콘텐츠, 바이오헬스케어, 지능형 로봇 등의 기술 구현에 반도체가 필수 불가결하기 때문이다.

우리나라는 메모리 반도체 분야는 중국 등 후발주자들의 거센 추격을 초격차 전략으로 따돌리는 한편, 시스템 반도체 분야는 미국 인텔, 타이완 TSMC 등과의 기술 격차를 빠른 시일 내에 줄여야 하는 상황에 놓여 있다. 이를 위해 가장 중요하고 시급한 일이 반도체, 특히 시스템 반도체 관련 고급 인력 양성이다.

우리나라가 메모리 반도체 분야에서 세계적 경쟁력을 가질 수 있었던 것은 반도체 양산을 시작한 1970년대 중반부터 기업이 필요로 하는 반도체 핵심 인력을 KAIST를 비롯한 여러 대학에서 적시에 배출했기 때문이다. 나아가 산·학 협력 프로그램에 의한 석박사 학위 과정을 통해 기업 내 리더급 인력을 지속적으로 공급했다. 남보다 한발 앞선 기술 혁신이 성공의 필요조건인 반도체 산업의 특성상, 세계적인 수준의 연구 역량을 갖춘 고급 인력 확보가 메모리 반도체 세계 시장 제패에 주된 성공 요인이었다. 지난 50여 년간 쌓아온 메모리 반도체 분야의 교육·연구와 산·학 협력 경험을 기반으로, 차세대 시스템 반도체 산업에서도 새로운 성공의 장을 열어갈 수 있다고 생각한다.

시스템 반도체는 광범위한 분야에 적용되고, 다품종 소량 생산 구조를 갖춰야 해서 산업과 제품에 대한 전반적인 이해의 폭이 넓은 인재가 필요하다. 시스템 반도체 분야가 필요로 하는 인재는 소재, 소자, 회로, 설계, 시스템 소프트웨어 등 핵심 기술에 대한 심화된 전공 역량을 갖춰야 한다. 이를 바탕으로 응용 분야의 기술적 문제를 정의하고 연구개발을 통해 독자적으로 해결할 수 있어야 한다. 따라서 전공 강의에 집중한 커리큘럼만으로는 장기적인 성장의 기회를 잡을 수 있는 우수한 인력을 배출하기 어렵다.

학부·대학원 연계 과정으로 시스템 반도체 인력을 양성하는 것이 바람직하다. 학부에서는 기초 역량과 전공 공학 역량, 심화된 전공 지식과 폭넓은 융합 역량을 교육해야 한다. 연계된 대학원 과정에서는 시스템 반도체 분야 전문가 2인 이상으로 구성된

지도교수팀의 지도 아래 소재+소자, 소자+설계, 설계+시스템 소프트웨어 등 다학제적 문제를 해결하는 연구를 수행해야 한다. 이를 통해 현장에서 필요한 기술 간, 산업 간, 제품 간 융합에 대한 이해와 창의적 문제 해결 역량을 갖춘 전문가를 양성할 수 있을 것이다.[40]

이렇듯 특화된 인력 양성을 위한 대학과 기업의 상생 노력에 정부의 정책적 지원이 시의적절하게 어우러진다면 시스템 반도체 분야에서도 세계적 경쟁력을 확보해 명실공히 반도체 선도국이 될 수 있을 것이다. 우리 정부는 2030년까지 차세대 지능형 반도체 기술 개발 사업에 1조 원 투자를 확정했다. 한편 삼성전자는 '반도체 비전 2030'을 수립해 2030년까지 연구개발 투자 73조 원을 포함해 총 133조 원의 투자 및 15,000명 고용을 계획하고 있다.

디지털 데이터 산업

농경시대 생산의 주요 요소는 토지였고, 산업화 시대에는 기술이었다. 바야흐로 4차 산업혁명 시대에는 디지털 데이터가 생산의 주요 요소가 되고 있다.[41] 2000년까지만 해도 데이터의 25퍼센트만이 디지털 형태로 저장되었다. 이후 아날로그 저장에 비해 디지털 저장 시스템의 효율성이 증가하면서 지금은 90퍼센트 이상이 디지털 데이터다.

시장조사 기관 IDC의 발표에 의하면, 2016년 한 해 생성된 데이터는 16제타바이트$_{ZB}$였다. 1제타바이트는 1조 기가바이트$_{GB}$로, 고화질 영화 약 5천억 편에 해당하는 천문학적 정보량이다. 4차 산업혁명에 의한 초연결이 가속화되면서 스마트폰, 이메일, SNS, IoT 등에 의한 디지털 데이터가 기하급수적으로 생산되어 2025년에는 175제타바이트에 이를 것으로 예상되고 있다.[42]

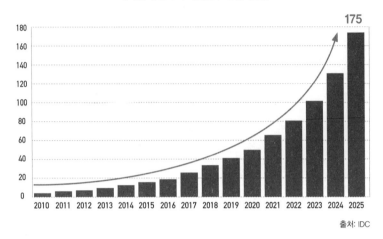

■ 디지털 데이터의 기하급수적 증가(ZB) ■

175

출처: IDC

이런 방대한 데이터를 수집해 클라우드에 빅데이터로 저장하고, 인공지능을 통해 분석해서 최적화하면 디지털 지능Digital Intelligence을 갖추게 된다. 경제적 가치를 창출하는 데이터가 되는 것이다. 이런 디지털 지능을 활용해 미래 현상을 예측하거나 맞춤 정보를 제공하는 디지털 데이터 산업이 창출된다.

미국의 구글이나 페이스북은 고객의 기호를 파악해 맞춤형 상품을 홍보하고, 넷플릭스는 영화 관람객의 성향을 미리 파악해 맞춤형 콘텐츠를 추천하는 시스템을 운영해 큰 호응을 얻고 있다. 또한 미국의 아마존과 우버, 중국의 알리바바 등은 O2O offline-to-online 전자상거래E-commerce 플랫폼을 운영하면서 수백조 원의 매출을 기록한다. 우리나라에서는 네이버쇼핑, 쿠팡, 이베이코리아 등 전자상거래 기업들이 약진하며 수조 원에서 수십조 원의 매출을 올리고 있다.

■ 디지털 경제 가치 창출 모형 ■

데이터 가치사슬 ○ ⟶ 데이터 화폐화

데이터 디지털지능화

분석

저장

수집

데이터에서
가치 창출

고객맞춤형 온라인 홍보
(예: 구글, 페이스북)

전자상거래 플랫폼 운영
(예: 아마존, 알라바마,
우버,에어비앤비)

상품 대여 서비스
(예: 모바이크, 롤스로이스)

클라우드 대여 서비스
(예: 아마존 웹서비스, 텐센트,
마이 존디어)

출처: United Nations, 2019

■ 국내 이커머스 주요 업체 거래액(조 원) ■

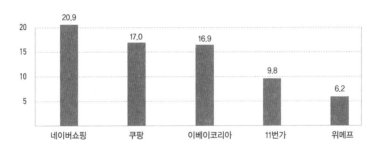

출처: 매일경제, 2020.11.

현재 디지털 데이터 산업의 규모는 전체 산업의 20퍼센트 정
도지만, 2030년에는 50퍼센트 수준으로 급성장할 것으로 예측
되고 있다. 이런 추세를 인지한 세계 주요국들은 데이터 경제 패
권을 확보하기 위한 국가 전략을 세우고 있다. 미국은 세계 최고

의 데이터 산업 경쟁력을 확보하기 위해 2016년 빅데이터 연구 개발 전략을 수립했다. 중국은 이보다 앞선 2015년 빅데이터 발전 촉진 행동 강령을 정하고, 이어 빅데이터 산업 발전 비전을 발표했다. 유럽연합도 2017년 데이터 경제 육성 전략을 발표했다. 우리나라 정부도 데이터 산업의 중요성을 인식하고 2018년 데이터 경제로의 전환을 선언했으며, 다음 해 '데이터·AI 경제 활성화 계획'을 발표했다.[43]

디지털 데이터 산업의 성패는 정확한 빅데이터 수집에 달려 있다고 해도 과언이 아니다. 구글과 네이버는 검색 데이터로, 아마존과 알리바바는 거래 데이터로, 페이스북과 카카오톡은 소셜 데이터로 데이터를 확보하고 있다. 데이터 수집 과정에서 기업의 규제 해제와 고객의 개인정보 보호 관련 이해충돌이 상존하는데, 이를 조화롭게 해결하기 위한 국가 정책이 필요하다.

미국과 유럽에서는 '사후 규제 방식'을 시행하는 반면, 우리나라는 '사전 규제 방식'을 택하고 있다. 기업을 신뢰하는 국가와 그렇지 않은 국가의 차이다. 다행히 우리나라에서도 2020년 8월 개인정보보호법, 정보통신망법, 신용정보법의 '데이터3법'이 시행되어 데이터 산업 활성화에 큰 기반이 마련되었다.

디지털 데이터 기반 스마트 제조업

우리나라에서 디지털 빅데이터가 활성화되어야 하는 중요한 산업 분야가 제조업이다. 4차 산업혁명 구현의 기반은 디지털 기술이 융합된 '스마트 제조' 기술이다. 최근 컨설팅 회사 딜로이트의 글로벌 기업 설문조사에 의하면, 응답 기업의 62퍼센트가 코로나19 상황에서도 스마트 제조 분야 투자를 가속할 것이라고 밝혔다. 실제로 이 분야의 글로벌 시장 규모는 매년 8.4퍼센트 성장해 2025년에는 약 2,900억 달러에 이를 것으로 예상된다. 우리나라는 세계 5대 제조 강국이다. 여기에 4차 산업혁명 DNA, 즉 데이터Data, 네트워크Network, 인공지능AI을 융합하면 스마트 제조 혁신을 선도하는 국가로 발돋움할 수 있다.

문제는 우리나라 기업의 97퍼센트인 중소기업 대부분이 빅데이터를 활용할 수 있는 인력을 확보하지 못하고 있다는 사실이다. 이런 상황을 타개하기 위해 KAIST는 중소벤처기업부의 지원으로 2020년 '인공지능 중소벤처 제조 플랫폼KAMP'을 구축하고 서비스를 제공하고 있다. KAMP는 중소기업의 빅데이터를 인공지능화해서 수요와 공급을 예측하고, 제품 시뮬레이션을 통해 설계를 자동화하며, '디지털 트윈Digital Twin'을 구축해 최적의 공정이 이루어지도록 제어한다. 또한 '머신 비전Machine Vision' 기술을 적용해 품질을 예측하는 등 제조업에 특화된 빅데이터 기반의 지능화 서비스를 제공하고 있다.

KAMP 사업이 추구하는 일차 목표는 전통적 제조업의 불량률 개선을 통해 제조 분야 기업에 실질적인 도움을 주는 것이다. 일례로, 한 나사 제조기업은 이 KAMP 사업을 통해 제조 불량률을 기존 32퍼센트에서 5퍼센트로 낮출 수 있었다.

■ KAIST 인공지능 중소벤처 제조 플랫폼 ■

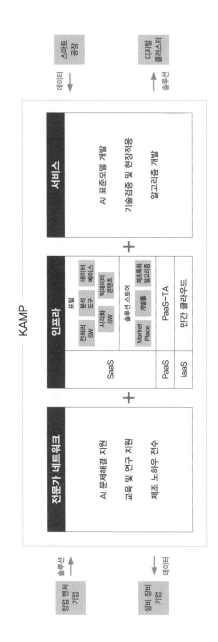

KAMP

전문가 네트워크

AI 문제해결 지원

교육 및 연구 지원

제조 노하우 전수

인프라

포털

| 전처리 SW | 분석 도구 | 데이터 베이스 |
| 시각화 SW | | 빅데이터 콘텐츠 |

솔루션 스토어

| Market Place | 개발툴 | 제조특화 알고리즘 |

PaaS-TA

민간 클라우드

SaaS

PaaS

IaaS

서비스

AI 표준모델 개발

기술검증 및 현장적용

알고리즘 개발

솔루션 → 창업 벤처 기업

데이터 ↓ 설비 장비 기업

데이터 ↓ 스마트 공장

솔루션 ↑ 디지털 클러스터

5G+ AI 스마트 공장

수요·공급 예측 (지능형 가치사슬)	제품 시뮬레이션 (설계 자동화)	디지털 트윈 (최적 공정 제어)	머신 비전 (품질 예측)	예지보전 (설비 이상 예측)

출처: 김홍남, KAMP사업단

이차전지 산업

이차전지 산업의 세계 시장 규모는 2020년 기준 880억 달러로, 향후 매년 10퍼센트 이상 성장할 것으로 예측되는 중요한 산업 분야다. 현재 납축전지가 가장 큰 세계 시장을 차지하고 있고, 다음이 리튬이온전지다. 그러나 납축전지의 유해물질 논란으로 인해 리튬이온전지 수요가 급증하고 있어, 가까운 장래에 세계 시장 점유율이 역전될 것으로 보인다.

리튬이온전지는 초기에는 주로 모바일 전자기기의 소형 이차전지로 활용되었는데 최근에는 전기자동차, 드론, 로봇, 스마트홈 등 중대형 시장에서 급성장하고 있다. 특히 전기자동차 장착 배터리 시장은 10년 후 20여 배로 폭발적인 성장을 할 것으로 예측한다. 이는 미국과 유럽을 비롯해 주요 국가들이 기후변화 대응을 위한 탄소중립 정책을 발표하면서 전통적 내연기관 자동차 회사들이 전기자동차 양산을 계획하고 있기 때문이다. 대표적으로 폭스바겐은 2030년까지 유럽 판매 차의 70퍼센트를 전기자동차로 대체할 계획을 세우고 있다. 또 제너럴모터스는 2040년까지 탄소중립을 목표로 2035년부터 내연기관 차량 생산 중단을 선언했다.

한편, 애플과 샤오미 등 대표적인 IT기업들이 제2의 테슬라를 꿈꾸며 전기자동차 사업에 뛰어들고 있다. 블룸버그 뉴에너지 파이낸스의 보고서에 의하면, 2040년 전기자동차는 신차 판매량의 58퍼센트를 차지할 것이며, 전 세계 자동차 5억 6천만 대 중 전기차가 3분의 1에 달할 것으로 예측된다. 따라서 전기자동차의 핵심 기술인 장착 배터리 수요 또한 기하급수적으로 증가할 것이다.

바로 이런 시장 전망에 따라 미국 바이든 정부가 2021년 6월 '미국 전략 물자 공급망 강화 계획'을 발표하면서 배터리를 4대 전략 물자에 포함했고, 2021년 5월 한·미 정상회담에서 한국 기업의 140억 달러 미국 현지 투자를 유치한 것이다.

뉴욕주립대학교 스탠리 휘팅엄Stanley Whittingham 교수가 1976년 리튬 금속을 이용한 2.1볼트 전압의 이차전지를 최초로 발견해 리튬이온전지 개념을 처음으로 제안했다. 이 연구를 바탕으로 1980년 텍사스대 교수 존 구디너프John Goodenough가 리튬코발트산화물LiCoO2 양극 물질을 이용해 3.8볼트의 고성능 이차전지를 발명했다. 한편 일본 메이조대학교 요시노 아키라吉野彰 교수는 1981년 흑연의 음극 특성을 발견했는데, 소니사가 이를 활용해

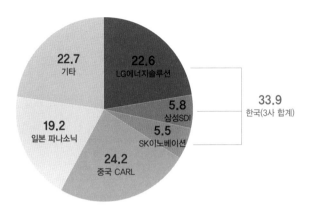

■ 세계 전기자동차 배터리 시장 점유율(%) ■

22.7
기타

22.6
LG에너지솔루션

5.8
삼성SDI

33.9
한국(3사 합계)

5.5
SK이노베이션

19.2
일본 파나소닉

24.2
중국 CARL

출처: SNE리서치, 전체 전기차(EV, PHEV, HEV)용 배터리 사용량, 2020년 1~11월 누적 기준

1991년 LiCoO2/C 이차전지를 최초로 양산했다.

위 세 사람은 이차전지 기초 연구를 통한 파괴적 기술 혁신과 산업적 파급효과로 2019년 노벨화학상을 공동 수상했다. 처음 이차전지 현상이 발견된 후 43년이 지나 노벨상을 수상한 것이다. 긴 호흡의 기초 연구의 중요성을 시사하는 또 하나의 사례다.

우리나라는 리튬이온전지 분야의 원천 기술은 보유하지 못했지만, 배터리 제조 기술 분야는 세계적인 경쟁력을 가지고 있다. 그래서 전기자동차 배터리의 경우 우리나라의 LG, 삼성, SK 세 기업이 세계 시장의 34퍼센트를 점유하고 있다. 이어서 중국(24%), 일본(19%) 순이다. 이차전지 개발 선도국인 일본을 당당히 앞서고 있는 것이다. 향후 우리나라가 이차전지 분야에서 세계 시장 점유율을 더 확장해나가려면 제조 기술의 수월성을 유지하면서 원천 기술 확보를 위해 국가적 차원에서 공격적인 연구개발을 해야 한다.

전기자동차 배터리 개발에서 고려할 주요 특성은 에너지 밀도, 출력, 충전 속도, 수명, 안정성이다. 개발의 어려움은 특성 간에 '트레이드오프'된다는 점에 있다. 예를 들어, 충전 속도를 빠르게 하면 수명은 짧아진다. 따라서 모든 특성을 최적화하는 양극, 음극 및 전해질 소재 조합을 개발하는 것이 중요하다.[44] 한편, 액상 전해질로 인한 발화의 위험성을 근본적으로 해결할 수 있는 전고체전지 All Solid State Battery 개발을 서둘러야 한다.

첨단소재 산업

첨단 산업에서 소재의 비중이 점점 커지고 있다. 1970년대 첨단산업에서 소재의 기여율은 10~20퍼센트 수준이었다. 그러나 최근 정보통신기술ICT 산업에서 소재 기여율은 70퍼센트에 달하며, 에너지기술ET, 바이오기술BT 분야에서도 50퍼센트에 이른다. 일례로 3D프린팅 산업의 경우, 프린터 장비 글로벌 시장 규모는 약 19억 달러지만 3D프린팅에 활용되는 소재의 시장 규모는 26억 달러로, 장비 시장의 1.4배다. 3D프린팅과 같은 첨단 산업에서 소재의 비중과 중요성은 향후 더욱 커질 것으로 전망된다.

우리나라에서 소재 산업의 중요성은 10여 년 전부터 필자를 비롯한 여러 과학자가 지속적으로 지적해왔다. 정부도 2018년 4월부터 '미래소재 원천 기술 확보 전략'에 의해 선정된 30대

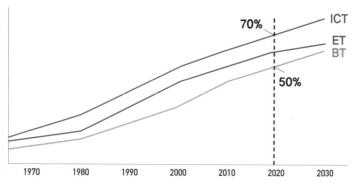

첨단 산업에서 소재의 기여율 전망

70%

ICT
ET
BT

50%

1970 1980 1990 2000 2010 2020 2030

출처: Advanced Materials Revolution, 2009

미래소재에 대한 연구를 지원하고 있다. 그러나 완성 제품 생산에 주력해온 우리나라 기업 생태계에서는 소재 산업 육성이 상대적으로 더디게 진행되었다. 우리나라 기업들이 세계적인 경쟁력을 보유하고 있는 반도체나 디스플레이 산업 분야에서도 핵심 소재 자체 조달률이 10~20퍼센트 수준이어서, 지난 2019년 일본의 수출규제 당시 국가적으로 큰 위기에 직면했던 것이다.

지금 우리 소재 산업은 중국과 일본 등 소재 강국 사이에서 '신 넛크래커Nut-cracker'의 위기를 맞이하고 있다. 일본과 견줄 만한 세계적인 첨단소재 경쟁력을 보유하지 못했고, 기술력을 보완하며 빠르게 추격하고 있는 중국에 가격 경쟁력 면에서 열세이기 때문이다. 중국은 2025년까지 10대 핵심 산업 부품과 기초소재 국산화율을 70퍼센트까지 올릴 계획을 하고 있다. 이로 인해 한국이 가장 큰 피해를 볼 것이라는 것이 독일의 싱크탱크인 메릭스의 분석이다.

7대 소재 분야

우리나라가 일본과 중국의 틈바구니에서 경쟁력을 가질 수 있는 소재 분야는 무엇일까? 이에 대한 해답을 찾기 위해 'KAIST 신소재연구기획단'에서는 70여 명의 소재 분야 산·학 전문가들의 심도 있는 논의를 통해 산업적 중요성, 글로벌 기술 경쟁력, 10년 이내 중소기업 제품화 가능성 등을 고려해 7대 소재 분야를 도출했다.[45]

1. 용액 공정 그래핀 및 나노 소재: 그래핀Graphene 등 저차원 탄소 소재와 나노입자 등 나노 소재의 용액 공정을 통한 기능성 소재 및 부품 기술
2. 초미세 나노패터닝 기술: 나노미터 수준의 초미세 해상도 패턴 및 나노 박막을 형성할 수 있는 소재 및 공정 기술
3. 변형 가능 소자용 유·무기 하이브리드 소재: 박막 형태로 기계적 특성 및 전기적 특성 확보가 가능한 변형 다기능성 유·무기 소재 및 부품 기술
4. 에너지 핵심 소재: 이차전지 및 연료전지용 전해질·촉매 소재 및 그린수소 생산을 위한 촉매 소재와 전극 기술
5. 자연치유 플라스틱 소재: 사용 후 원료 물질로 분해되는 플라스틱 친환경 소재 및 공정 기술
6. 금속 및 세라믹 생산 공정: 알루미늄 배터리 셀 및 파우치형 초고속 성형 기술

7. AI 기반 핵심 소재 분석 및 설계 기술: 데이터 과학과 고성
   능 컴퓨팅 기술을 활용해 다중 스케일에서 원하는 물성을
   갖는 신소재를 설계하고 분석하는 기술

스핀트로닉스 소재

위의 7대 소재 분야 외에 우리나라가 4차 산업혁명 시대를 대
비해 긴 호흡으로 연구·개발 해야 할 소재 분야가 바로 스핀트
로닉스Spintronics 소재다. 지금 인류가 누리는 정보기술의 혜택은
지난 50여 년간의 경이로운 일렉트로닉스 기술 발전에 기인하
고 있다. 이 기술의 근간은 한마디로 요약하면 전자의 전기적 특
성을 이용한 것이다. 미국 벨연구소의 윌리엄 쇼클리, 월터 브래
튼, 존 바딘은 1947년 전자의 전기 흐름을 조절할 수 있는 트랜
지스터를 발명해 일렉트로닉스혁명을 촉발했다.

오늘날 우리가 사용하는 컴퓨터의 핵심 부품인 반도체 메모
리칩은 바로 이 트랜지스터 수십억 개가 조합된 것이다. 반도
체 메모리칩은 지난 반세기 동안 18개월마다 집적밀도가 2배로
증가하는 소위 '무어의 법칙'에 따라 고밀도화 행진을 이어오고
있다.

그러나 일렉트로닉스 기술 발전이 지금 근본적인 한계에 부딪
히고 있다. 메모리칩이 나노 크기 정도로 극미세화됨에 따라 양
자역학적 투과 현상이 생기고, 소형화에 따른 열방출이 심각한

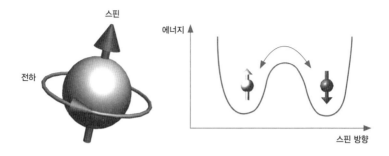

문제로 대두되었다. 4차 산업혁명 시대 데이터 사용량이 기하급수적으로 증가하면서 현재의 기술로는 데이터를 처리하는 데 너무 막대한 전력이 소비되고 있다. 이로 인한 에너지와 환경의 문제는 앞으로 더욱 심각해질 것으로 예상된다. 또한 반도체 메모리는 전원이 꺼지면 데이터가 없어지는 휘발성 메모리의 근원적 한계를 지니고 있다.

이런 기술적 한계를 근원적으로 해결하는 방법으로 소위 스핀 트로닉스 기술이 새롭게 부상하고 있다. 전자의 독특한 물리 특성인 스핀을 활용하는 기술이다. 전자에는 두 가지 양자역학적 스핀 상태가 존재한다. 스핀 업과 스핀 다운이 2가지 안정된 에너지 상태다. 전자가 스핀을 가졌다는 사실은 이미 1922년 독일 물리학자 오토 슈테른Otto Stern과 발터 게를라흐Walther Gerlach에 의해 처음 발견되었다.

한 스핀 상태에서 다른 스핀 상태로의 반전은 외부에서 자기장이나 전압을 걸어 이루어진다. 전자의 스핀 성질을 기술적으로 이용하겠다는 생각은 스핀이 발견된 후 60여 년이나 지난 1988년 알베르 페르Albert Fert와 페터 그륀베르크Peter Grünberg가 '거대자기저항' 현상을 발견한 후 시작되었다.

거대자기저항 현상이란 전기저항에 스핀 상태가 큰 영향을 미친다는 것이다. 즉, 스핀 상태가 서로 같은 방향으로 배치되어 있을 때가 반평행 상태로 배치되어 있을 때보다 전기저항이 훨씬 작다는 이야기다. 이런 기여로 알베르 페르와 페터 그륀베르크는 2007년 노벨물리학상을 수상했다.

스핀트로닉스 기술은 향후 어떤 기술혁명을 인류에게 가져다줄까? 우선 가까운 장래에 반도체 메모리의 근원적 한계를 극복한 비휘발성 메모리를 가능하게 할 것이다. 그러면 현재 컴퓨터 작동 시 부팅 시간을 기다리는 불편함 없이 순간적으로 작동할 수 있는 새로운 컴퓨터가 가능해진다. 또한 전자의 스핀을 조절해 초저전력 구동이 가능한 스핀 메모리 소자가 구현될 것이다.

궁극적으로 스핀의 양자역학적 두 상태를 큐빗Cubit으로 이용하는 양자컴퓨터를 만들 수 있다. 양자컴퓨터가 실현되면 현재 컴퓨터로 300년이 걸리는 계산을 단 1분 만에 해결할 수 있는, 그야말로 광속의 시대에 진입하게 된다.

첨단소재 개발 전략

소재 분야 연구개발에 있어서도 전략이 필요하다. 무엇보다도 산·학 협업을 강화해야 한다. 우리나라 박사급 연구인력의 약 82퍼센트는 대학과 연구소에서 근무하고 있다. 중소·중견기업 부설 연구소에서는 박사급 고급 연구인력을 찾아보기 힘든 것이 현실이다.

점차 심각해지고 있는 연구인력과 자원의 편중 현상을 해결하지 못한다면, 기업은 대학이 기초와 응용 연구를 통해 개발한 기술을 상용화하는 과정에 도사리고 있는 '악마의 강'과 '죽음의 계곡'을 넘을 수가 없다. 대학과 기업의 공동 연구를 활성화하고, 이를 통해 창출된 기술의 사업화를 가속화하기 위해 '기업 캠퍼스 연구소'를 설치해 운영하면 산·학 협업을 극대화할 수 있으리라 기대한다.

소재 분야에서 산·학 협업 못지않게 중요한 것이 중소·중견기업과 대기업의 상생 협력이다. 특히 대기업은 소재와 부품 등을 공급하는 중소·중견기업이 기술을 개발하면 이를 실증하는 '테스트 베드' 역할을 해주어야 한다. 이를 통해 우수한 기술이 사장되는 것을 방지할 뿐만 아니라, 중소·중견기업이 세계 시장을 장악할 최고의 기술을 개발할 동기와 기회를 부여할 수 있을 것이다.

소재 산업은 긴 호흡의 장기적 연구와 투자가 필요한 분야다. 그러나 성공하면 학문적·산업적으로 파급효과가 매우 큰 분야다. 청색 LED는 나고야대학교의 30여 년에 걸친 질화갈륨 소재 기초 연구 결과를 일본 중소기업 니치아화학이 상용화함으로써 가능했다. OLED 디스플레이 소재는 미국 이스트만코닥연구소의 칭 탕Ching Tang 박사가 1987년 다층 유기박막 발광소자에 대한 논문을 발표한 이후 20여 년에 걸친 상용화 노력을 통해 비로소 새로운 디스플레이 소재로 활용되었다. 이와 같이 긴 호흡으로 기초 연구를 수행하고, 그 결과를 긴밀한 산·학 협력을 통해 상용화한다면, 우리나라도 소재 산업의 글로벌 선도자로 도약할 수 있을 것이다.

6

과학과 정치의 상생 협력

기술패권 시대 과학기술에 대한 이해가 없는 정치가에게 국가 운영을 맡기는 것은 면허가 없는 사람에게 운전을 맡기는 것과 같다. 21세기 4차 산업혁명 쓰나미를 극복하고 초일류 국가의 비전을 효과적으로 달성하기 위해서는 과학과 정치, 정치와 과학이 함께 가야 한다.

과학계는 정치계에 자문하고 논리와 연구의 가치를 제공하며, 정치계는 정책을 개발하고 입법을 추진하며 예산을 지원하면서 서로 협력해 시너지를 극대화해야 한다. "탱고를 잘 추기 위해서는 두 사람이 있어야 한다It takes two to tango"는 말이 있다. 마찬가지로 국가가 번영하기 위해서는 과학과 정치의 협력이 매우 중요하다.

과학과 정치의
차이

────────○　　과학과 정치는 매우 다르다. 과학은 증거, 객관성, 재현을 필요로 한다. 반면 신념이 중요한 정치는 주관적이며 다른 사람을 설득해야 한다. 따라서 과학자와 정치가는 완전히 다른 특징을 갖게 된다.

과학자는 자연현상을 탐구하지만, 정치가는 소신을 주장한다. 과학자는 학문을 사랑하지만, 정치가는 권력을 사랑한다. 과학자는 정확성을 추구하지만, 정치가는 인기를 추구한다. 과학자는 장기적 결과를 기대하지만, 정치가는 단기적 성과를 기대한다. 과학자는 다음 논문을 준비하지만, 정치가는 다음 선거를 준비한다. 과학자는 초청강연 하기를 즐기지만, 정치가는 인사말하기를 좋아한다.

과학자는 존경한다는 말을 아끼지만, 정치가는 존경한다는 말을 습관적으로 남발한다. 과학자는 인류 전체의 선을 추구하지만, 정치가는 유권자의 이익을 우선한다. 과학자는 전문가로서의 명성을 중시하지만, 정치가는 인지도를 중시한다. 어떻게 유명해질 수 있느냐는 질문에 과학자는 "일하고 일하고 일하라, 그리고 기다리고 기다리고 기다려라"라고 대답하지만, 정치가는 "약속하고 약속하고 약속하라, 그리고 거짓말하고 거짓말하고 거짓말하라"라고 대답한다.

그러나 존경받는 과학자와 존경받는 정치가에게서 발견할 수 있는 공통적 키워드가 있다. 바로 통찰력이다. 통찰력 있는 과학자는 자연현상을 관찰하고 응용해 새로운 자연법칙을 발견하고 인류 문명 발전에 기여한다. 통찰력 있는 정치가는 사회와 국가의 발전을 위해 시대를 뛰어넘는 혜안을 제시한다. 그래서 통찰력이 있으면 과학자로서도, 정치가로서도 존경받을 수 있다. 통찰력을 가지고 과학자에서 정치가로 변신해 존경을 받은 대표적인 사례가 있다.

이스라엘 초대 대통령을 지낸 차임 와이즈만Chaim Weizmann은 제1차 세계대전 중 아세톤 대량 제조 방법을 개발한 유명한 화학자다. 그는 과학자로서 정치에도 관심을 갖고 이스라엘의 독립을 주장했다. 그 결과 1917년 영국 외무부 장관으로부터 이스라엘이 독립 국가가 돼야 한다는 '밸푸어 선언'을 이끌어냈다. 1934년에는 작지만 세계적인 와이즈만연구소를 설립하기도 했다. 1948년 마침내 이스라엘 초대 대통령으로 선출되어, 관용적인 이민 정책을 통해 전 세계에 있는 이스라엘 민족을 불러들이

기 시작했다. 구소련 등에서 과학기술자들을 대거 유입하는 등 70여 국가에서 이스라엘 민족을 모아 오늘날 이스라엘이 '창업국가'가 되는 초석을 마련했다.

이스라엘에서는 이렇듯 이공계 출신들이 정치를 하는 일이 흔하다. 베냐민 네타냐후Benjamin Netanyahu 전 총리는 건축학을 공부했다. 2011년 노벨화학상을 수상한 단 셰흐트만Dan Shechtman은 2013년 대통령 선거에서 낙선했다. 왜 노벨상 수상자가 정치를 하려고 하는지 묻자, "과학은 나라를 천천히 발전시키지만, 나라를 빠르게 발전시키고 변화시키려면 정치를 해야 한다"고 대답했다. 그러면서 다음 선거에 또 나가겠다고 말했다.

앙겔라 메르켈Angela Merkel 독일 총리는 라이프치히대학교에서 물리학 박사 학위를 취득하고 12년 동안 동독 연구소에서 양자 물리 연구를 하다가 1990년대에 정치계에 입문했다. 2005년부터 4번 연속 총리직을 맡고 있는 그녀는 세계에서 가장 영향력 있는 여성, 세계에서 가장 영향력 있는 인물 중 한 사람으로 꼽힌다. 메르켈 총리는 "정치는 과학과 같이 실험을 할 수는 없지만, 정치 목적을 달성하기 위해서는 충분한 준비가 필요하다는 점에서 닮았다"고 이야기한다.

영국의 소설가 로버트 스티븐슨Robert Stevenson은 "정치라는 건 아무 준비가 필요 없는 유일한 직업"이라고 했다. 아무나 할 수 있다는 말이다. 하지만 그렇게 해서는 결코 존경받는 정치가가 되지는 못할 것이다.

과학과 정치의
동행

○───────○   이제 우리나라에서 정치와 과학이 함께
가야 하는 이유는 무엇일까?

첫째, 21세기 과학기술패권 시대가 도래하고 있기 때문이다.
과학기술은 이제 경제발전뿐만 아니라 국방·안보, 외교·통상,
복지·보건, 사회안전·보안, 삶의 질 향상의 근간이 되고 있다.
과학기술의 뒷받침 없이는 첨단무기 개발도 불가능하고, 미국
등 선진국과의 외교·통상도 쉽지 않으며, 코로나19 같은 전염
병 위기에서 자국민을 지킬 수도 없다. 즉, 국가의 생존과 번영,
안전과 복지가 모두 과학기술에 달려 있다 해도 과언이 아니다.
이것은 비단 과학계만의 주장이 아니다. 한국과학기술기획평가
원KISTEP이 일반인을 대상으로 실시한 과학기술 의식 조사에서
90퍼센트가 응답한 내용이다.

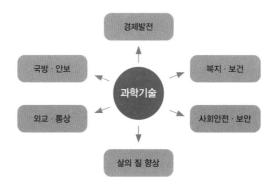

경제발전

국방 · 안보

복지 · 보건

과학기술

외교 · 통상

사회안전 · 보안

삶의 질 향상

둘째, 우리나라 국가 수준이 세계적인 수월성을 추구하는 단계에 와 있기 때문이다. 이제 우리 경쟁국은 개도국이 아니라 미국, 일본, 중국, 유럽연합 등 과학기술 강국들이다. 이런 국가들에 비해 연구개발비 및 연구인력이 열세이기 때문에, 한정된 자원으로 효율성을 극대화하는 것이 국가적으로 매우 중요한 과제다. 예산권과 입법권을 가진 정치계가 과학계의 자문을 받아 지혜로운 결정을 해야 한다.

셋째, 대한민국이 당면한 과제의 복잡성 때문이다. 향후 반세기 동안 우리는 초고령화 및 인구 감소, 에너지 위기, 지구온난화, 감염병 대응, 중소기업 경쟁력 제고, FTA 대응 등 수많은 도전 과제를 헤쳐나가야 한다. 이들 과제 하나하나가 과학기술과 정치가 함께 노력해야 효과적으로 해결할 수 있는 것들이다.

한 예로 FTA를 생각해보자. 한·미 FTA가 한창 진행되던 수년 전에 우리나라 대표 정치인이 FTA의 득실을 과학기술 관점에서 조명해달라고 요청했다. 그래서 산업별로 살펴보니, 과학기술을 고려하지 않은 정치적인 결정만으로는 FTA에서 우리가 득을 볼수 없다는 결론이 도출되었다. 섬유 산업을 살펴보자. 우리가 미국에 섬유를 수출할 때 내는 관세는 13퍼센트다. 반면 미국이 우리나라에 섬유를 수출할 때 내는 관세는 9퍼센트다. 이 상황에서 FTA가 발효되면 누가 이익일까? 단순 수치로만 보면 한국이 이익이다. 그런데 FTA에는 '얀 포워드Yarn Forward'라는 독소조항이 있다. 이 규정에 따르면, 섬유를 만드는 원사를 한국에서 만들었을 경우에만 FTA의 혜택을 본다. 즉, 한국이 첨단 원사를 만들어낼 수 있는 기술을 가지고 있어야만 혜택을 받을 수 있다는 것이다.

결론적으로 정치는 과학과 함께 가는 것을 넘어서 밀월관계가 되어야 한다. 과학은 정치계에 자문을 해주고 논리를 제공해 정치가들이 좋은 결정을 내릴 수 있도록 한다. 이를 통해 정치가가 가치를 느끼고 명예를 갖도록 돕는 것이다. 정치는 비전을 제시하고 정책을 입안하고 법을 만들며 예산을 책정한다. 이런 면에서 과학과 정치는 '푸시풀 증폭기Push-Pull Amplifier'처럼 서로 밀고 당기며 상승작용을 하는 관계여야 한다.

과학과 정치가 밀월관계로 좋은 결과를 도출한 대표적인 사례가 미국과 이란의 핵협상 타결이다. 미국 외교 전문 잡지 〈포린어페어스〉에 '왜 외교와 과학이 서로를 필요로 하는가?'라는 주제의 기사가 사진과 함께 실렸다.[46] 사진 가운데 미국 국무장관 존 케리John Kerry와 이란의 외무장관 모하마드 자바드 자리프Mohammad Javad Zarif가 서 있고, 양옆으로 미국 에너지장관 어니

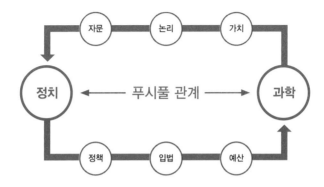

스트 모니즈Ernest Moniz와 이란 원자력장관 알리 아크바르 살레
이Ali Akbar Salehi가 있었다. 가운데 두 사람은 전형적인 정치가다.
이 둘만 있었으면 복잡한 미국과 이란의 핵협상이 타결되지 못
했을 것이다. 양쪽의 핵과학자들이 있었기 때문에 핵협상이 타
결될 수 있었다. 어디까지 타결을 해야 위험하지 않다는 것을 두
전문가가 확실히 알고 있었던 것이다.

과학과 정치의
3가지 협력 유형

과학과 정치의 협력관계는 3가지 유형으로 생각해볼 수 있다. 첫째는 과학을 위한 정치다. 정책을 결정하고 입법하고 예산을 지원하는 정치계가 공여자이고 과학계는 수혜자인 관계다. 두 번째는 정치를 위한 과학이다. 과학계는 자문을 통해 공여자가 되고 정치계는 수혜자가 된다. 세 번째는 과학자의 정치 참여다. 과학적인 전문성과 마인드를 정치에 접목해 과학자가 직접 정치나 행정에 참여하는 것이다.

먼저 '과학을 위한 정치'에서는 국가통치자나 정치가의 역사의 지평선 너머를 보는 혜안과 통찰력이 매우 중요하다. 특히 거대시설과 같이 막대한 투자가 필요한 과학 분야의 발전은 정치가의 신념과 혜안에 의한 결단 없이는 불가능하다. 몇 가지 예를 살펴보자.

인류의 달 정복을 위한 NASA의 아폴로계획은 세계 최초로 인공위성을 발사한 소련을 쫓아가기 위해 케네디 대통령이 혜안적 결단으로 의회에서 선포한 것이다. 미국은 이 프로젝트를 1961년에 시작해 1969년 결국 아폴로 11호를 달 표면에 착륙시키는 데 성공했다. 이는 미국의 프런티어 정신을 구현한 것으로, 미국 항공우주 과학 및 산업에 획기적인 발전을 불러왔다.

미국의 뇌연구프로젝트는 오바마 대통령의 혜안적 결단의 산물이다. 인류는 몇 광년 떨어진 은하를 찾아냈고, 원자보다 작은 미립자도 규명했지만, 무게 1.4킬로그램에 양쪽 귀 사이에 있는 인간 뇌의 신비를 아직 풀지 못했다. 미국은 이 미스터리를 풀기 위해 연 1천억 원씩 10년을 투자하는 계획을 세웠고, 이를 통해 앞으로 뇌의 메커니즘을 규명하고 뇌 산업을 선도할 것으로 기대하고 있다.

이 외에도 다양한 성공 사례가 있다. 루스벨트 대통령은 '맨해튼 프로젝트'로 원자탄을 개발했고, 레이건 대통령은 '스타워즈 프로젝트'를 통해 추적 미사일을 개발했으며, 클린턴 대통령은 '게놈 프로젝트'를 추진해 인류의 염기서열을 밝혔고, 부시 대통령은 '수소 에너지 프로젝트'를 제시함으로써 에너지 문제를 해결하고자 했다. 모두 국가의 미래를 내다본 국가통치자의 통찰력의 결과다.

CERN는 '드브로이 파장de Broglie Wave'을 발견한 프랑스 물리학자 루이 드 브로이Louis de Broglie가 1949년에 최초로 설립을 제안했다. 1949년 당시는 제2차 세계대전 직후여서 유럽이 경제적으로 매우 힘든 시기였다. 하지만 12개국이 결국 기초과학에 투자하겠다는 결정을 내렸으며, 지금은 20개의 유럽 국가가 참여하는 세계 최대의 가속기를 보유하게 되었다. 최근 CERN에서는 '신의 입자'라 알려진 힉스 입자를 발견해 우주의 근원에 접근하는 계기를 마련하기도 했다. 이런 거대 프로젝트들이 어떻게 실현될 수 있었을까? 바로 정치가들의 현명한 판단이 있었기 때문이다.

통일 후 독일이 빠르게 발전할 수 있었던 바탕에는 베를린 장벽 붕괴 6개월 후에 진행된 동·서독 과학장관들의 회담이 있었다. 장관들은 회담에서 독일연방공화국의 통일된 과학 정책을 수립해 추진하기로 결정했고, 동독의 기존 연구소를 라이프니츠 연구소로 전환했다. 그리고 동독 지역의 과학기술 발전을 위해 막스플랑크연구소와 프라운호퍼연구소를 대거 설립했다. 이를 근간으로 독일은 단기간에 구동독 지역의 과학기술 및 산업 경쟁력을 성장시킬 수 있었다.

대한민국의 과학기술 발전도 역대 대통령들의 혜안과 결단의 산물이다. 1970년 박정희 대통령은 이공계 우수 인재 양성을 위한 특수대학원 설립에 관한 정근모 박사의 제안서를 접한 후 당시 기존 대학과 문교부의 극렬한 반대를 무릅쓰고 KAIST 설립을 결정했다.[47] 당시 우리나라 1인당 국민소득은 257달러로, 세계 최빈국이었다. '물고기'가 필요한 시점에 '물고기 낚는 방법'을 선택한 것이다. 이것은 국가 산업화에 절실한 이공계 우수 인력의 중요성을 간파한 통치자의 혜안이 없었으면 불가능한 결정이었다.

1994년 김영삼 대통령은 다른 부처의 반대에도 불구하고 정보통신부를 신설하고 정보화촉진기본법을 제정했다. 이를 계기로 우리나라는 세계 최초로 CDMA 기반의 이동통신 서비스를 상용화할 수 있었다.

김대중 대통령은 6T 육성계획으로 특히 IT정책을 강화했고, 2002년에 우리나라가 초고속 인터넷 보급률 세계 1위를 달성하는 데 기여했다. 오늘날 우리나라가 IT 강국이 된 것은 이런 정치가들의 혜안이 있었기 때문이다.

과학과 정치가 협력하는 두 번째 유형은 '정치를 위한 과학'이다. 과학기술 최선진국인 미국을 살펴보자. 미국 정부에는 앞서 언급했던 과학기술정책실OSTP과 대통령 과학기술자문위원회PCAST가 있다. OSTP는 다음과 같은 목표를 가지고 있다. "대통령에게 정확하고 시의적절한 과학기술 자문을 해준다. 또한 각 부처가 어떤 정책을 행할 때 정확한 과학 정보를 제공한다. 나아가 각 부처가 정책을 행할 때 적절히 중재하며 컨트롤타워 역할을 한다." PCAST는 대통령 자문기구로 오픈미팅 정책을 시행한다. 모든 자문회의가 일반인에게 웹캐스트로 공개되며, 원할 경우 개인이 오프라인 미팅에 참석할 수도 있다.

우리가 여기서 조금 더 깊이 살펴봐야 할 점은, 이 두 기관이 백악관 내에 있으면서 대통령 측근에서 자문을 하고 정책을 집행한다는 것이다. OSTP 산하에 PCAST가 있고, OSTP 실장이 PCAST의 공동 위원장을 맡고 있어, PCAST에서 자문 결과가 도출되면 곧바로 OSTP에서 집행할 수 있는 구조다. 2021년 현재 OSTP의 실장은 MIT와 하버드대학교 겸직교수이며 휴먼 게놈 프로젝트를 추진했던 에릭 랜더Eric Lander 교수가 맡고 있다. 그는 오바마 정부 시절 OSTP 실장 존 홀든John Holden 교수와 함께 PCAST의 공동 자문위원장을 8년 동안 맡은 바 있다. 정부가 바뀌어도 능력 있는 과학자를 계속 등용해 정책의 연속성과 일관성을 유지하고 있는 것이다. 반면 우리나라는 대통령 과학기술 자문회의 민간 부위원장 임기가 통상 1년이고, 자문위원회의 안들이 정부 부처에서 제대로 집행되지 않아 형식적인 위원회가 되고 있다.

미국 국회는 대표적인 과학자 및 공학자들의 모임인 한림원의 자문을 받고 있다. 국회에서 자문 요청이 오면 20여 명의 회원으로 위원회를 구성하고, 여기에 10여 명의 정책 전문가가 가세해 자문보고서를 작성한다. 대표적인 예가 2005년에 작성된 〈미국 경쟁력 강화 계획〉이다.

우리나라 정부에도 과학기술 분야 자문위원회가 있다. 그중 대표적인 것이 헌법기구로서 대통령을 자문하는 국가과학기술 자문회의다. 의장은 대통령이고 부의장은 민간인이다. 민간위원 30명 내외로 구성되며 연 4회 정도 대통령에게 대면보고 혹은 서면보고를 한다. 그러나 대한민국 국회에는 공식 자문기구나 정기적인 자문이 없다. 국회와 과학기술한림원이 주도하는 과학 기술혁신연구회가 있지만, 연 1회 포럼 개최를 제외하고는 아무런 활동이 없다. 국회에서 다양한 주제로 포럼을 개최하지만 대부분 일회성 행사이다. 우리나라 국회에서도 과학기술한림원 및 공학한림원에 공식적으로 정책 제안을 요청하는 체제가 구축되기를 바란다.

과학과 정치가 협력하는 세 번째 유형은 '이공계의 정치 참여'다. 과학자의 정치 참여가 왜 필요할까? 첫째, 무엇보다도 글로벌 선도 전략이 필요한 시대에 과학적인 전문성을 기반으로 정책을 결정해야 하기 때문이다. 이제는 정치가 목소리와 힘의 후진 정치에서 벗어나 지식과 통찰력의 선진 정치로 탈바꿈해야 한다.

둘째, 객관성과 논리성, 합리성의 과학정신을 정치에 확산해나가야 한다. 물리학자로서 미국 하원의원을 15년간 지낸 러시 홀트Rush Holt는 "논리와 증거에 기초한 과학적 생각은 국회의원으로 하여금 다양한 결정을 잘 내릴 수 있도록 해주는 역할을 한다"고 말했다.

셋째, 과학기술패권 시대에 이공계 리더십은 시대적 요청이다. 국가의 생존과 번영, 안전과 복지가 과학기술에 달려 있다. 이공계 출신들이 정치 리더십을 발휘하는 대표적인 나라가 중국이다. 장쩌민, 후진타오, 시진핑 모두 이공계 출신이다. 선출되면 10년 동안의 장기 집권을 통해서 과학기술에 기반을 둔 정책을 세우고 주요 정책을 일관성 있게 계승·발전시킨다. 예를 들어, 해외 석학 100인 초청에서 1천 인 초청, 1천 인 초청에서 1만 인 초청으로 계승·발전해나간다. 이것이 중국의 빠른 성장의 근간이 되고 있다.

그러나 우리나라는 5년 주기로 다시 시작한다. 추격의 시대에는 가능한 전략이었지만 글로벌 선도 시대에는 불가능하다. 대한민국의 정치에서 냉전시대에는 군인이 리더였고 민주화 시대에는 민주투사가 리더였다. 앞으로 21세기 기술패권 시대에는 과학기술자, 이공계 출신들이 국가 리더십의 중심에 있어야 한다. 그런데 대한민국 국회에 이공계 출신 국회의원은 17대에 11퍼센트, 18대에 9퍼센트, 19대에 12퍼센트 수준이다. 장관 18명 중에서도 통상 10퍼센트 정도가 이공계 출신이다. 21세기 대한민국 정치에 이공계 출신들이 좀 더 적극적으로 참여해야 한다.

정치에 입문하거나 정부에서 일하려는 과학기술인이 스스로에게 던져야 할 5가지 질문이 있다. 과학기술계에서 내가 전문성과 리더십으로 인정을 받고 있는가? 정책 마인드 및 수립 능력이 있는가? 권력보다 국가 봉사가 우선인가? 공의의 정신과 따뜻한 가슴을 가지고 있는가? 과학자 시절보다 더 열심히 일할 각오가 되어 있는가? 만약 이 5가지 질문에 '네'라고 대답할 수 있는 과학자라면 정치계에 들어가 국가를 위해 봉사했으면 좋겠다.

과학과 정치의
상생

과학과 정치의 상생을 위한 몇 가지 방안을 제시하고자 한다.

첫째, 비영리의 초당적인 민간 싱크탱크를 육성하고 활성화해, 정치권에 시의성 있는 과학기술계의 목소리를 제대로 전달해야 한다. 2016년 미국 대통령 선거에 즈음해 정보기술혁신재단Information Technology and Innovation Foundation이라는 민간 단체에서 민주당과 공화당 대통령 후보 모두에게 편지를 보냈다.[48] 기술과 경제 분야에 관해 듣고 싶은 연설 내용을 담은 것이었다(The Speech We Would Love to Hear on Tech and the Economy).

혁신을 배양하고, 생산을 제고하며, 국제적인 경쟁력을 키우는 것에 대한 그들의 아이디어가 담겨 있었다. 과학기술계의 아이디어를 양당 대통령 후보에게 전달해 누가 대통령이 되든 과학기술 기반으로 나라가 발전할 수 있도록 한 것이다. 우리나라도 과학기술한림원, 한국과학기술단체총연합회 등 민간 과학 단체들이 정치권에 국가 발전을 위한 정책을 공식적으로 제안하는 체제가 구축되어야 한다.

둘째, 정부 주요 포스트에 전문성이 검증된 비정파적인 과학기술계 인사를 임명해 장기간 일하도록 해야 한다. 미국 오바마 정부가 출범할 당시 오바마 대통령은 과학이 행정부의 중앙에 있게 하겠다고 했다. 그러면서 소위 사이언스 드림팀을 꾸려 노벨상 수상자인 스티븐 추Steven Chu를 에너지장관으로 임명했고, 과학계의 대표적인 인사들을 행정부에 입각시켰다. 장관들은 기본 임기가 4년이고, 대부분 오바마 대통령과 함께 8년 동안 직무를 계속 수행했다.

셋째, 청와대에 과학기술 '컨트롤타워' 행정 조직을 설치해야 한다. 대통령 측근에서 항상 자문할 뿐만 아니라 부처 간의 조율을 담당하고 협업을 컨트롤할 수 있는 시스템을 구축해야 한다.

넷째, 마지막으로 과학 자문을 강화해야 한다. 정부 각 부처에 과학기술자문관직을 신설할 필요가 있다. 특히 외무부에는 과학기술계 인재가 반드시 필요하다. FTA의 초기 성패는 협상에 달려 있지만, 최후의 승자는 과학기술을 얼마나 잘 아느냐에 따라 결정된다. 또한 과학대사Science Ambassador직을 신설해서 주요 과학기술 협력국에 파견해 그 나라의 과학기술 상황을 파악하고 글로벌 협력을 추진하도록 해야 한다.

과학계는 전문성은 있지만 권력이 없다. 정치계는 권력은 있지만 과학 전문성은 부족하다. 과학계와 정치계가 협력하면 권력과 전문성을 갖게 된다. 과학기술 기반의 초일류 대한민국 달성을 위해 과학과 정치의 상생 협력이 절실한 시기다.

초일류 대한민국으로의 도약

인류는 지금 4차 산업혁명과 코로나19로 인해 위기와 기회가 공존하는 대변혁의 시대를 살아가고 있습니다. "현재가 미래를 만들어가는 것이 아니라, 미래에 대한 비전이 현재를 만든다"는 미래학자 토머스 프레이Thomas Frey의 말이 초불확실성의 시대를 맞이하고 있는 대한민국에 새삼 울림을 줍니다. 우리나라가 향후 반세기를 향해 어떤 비전을 갖느냐에 따라 대한민국의 현재가 만들어지기 때문입니다.

다가오는 미래는 기술패권주의 시대입니다. 세계 경제의 개방화, 국제화 추세에도 불구하고 유독 과학기술에 관한 한 선도국들은 다른 나라에 기술이전을 회피하고, 무임승차를 철저히 차단하는 기술보호주의를 심화시키고 있습니다. 이런 냉엄한 세계질서의 변화에 능동적으로 대처하지 못하는 나라는 기술패권주의 시대에 기술 속국으로 영원히 전락할 것입니다. 그러므로 우리나라가 과학기술 강국으로 도약하느냐 그러지 못하느냐가 국가의 미래 운명을 결정한다고 해도 과언이 아닙니다.

이 책에서는 과학기술로 열어가는 '초일류 대한민국' 비전을 제시하고, 이를 성취하기 위한 과학기술 혁신의 글로벌 선도 전략을 논의했습니다. 우리나라 국토 면적은 세계 지표면의 0.07퍼센트로 아주 작습니다. 하지만 다가오는 기술패권주의 시대에는 지형적 면적이 아니라 과학기술 혁신의 면적이 중요합니다. 그 크기에 따라 대한민국의 미래 운명이 좌우될 것입니다.

2022년 대통령 선거를 앞두고 많은 후보들이 줄지어 출마선언을 하는 모습을 뉴스를 통해 접하고 있습니다. 안타깝게도 21세기 세계의 흐름을 정확히 진단하고 글로벌 시각에서 대한민국의 비전을 제시하는 후보는 별로 보이지 않습니다. 더욱이 기술패권주의 시대 과학기술의 중요성을 강조하는 후보는 매우 적습니다.

이제 초일류 대한민국으로의 도약을 위해 과학기술 제2입국의 통치철학을 가지고 과학기술 선도국 건설의 비전과 의지를 보여줄 통치자가 절실한 때입니다. 이런 통치자의 비전Vision에 과학기술계의 혁신Innovation과 국민들의 열정Passion이 함께한다면 우리나라는 초일류 선도국에 조기 진입하며 지구촌의 VIP Very Important Player 국가로서 한민족 자존의 위대한 21세기를 열어갈 것입니다.

1   정근모,《기적을 만든 나라의 과학자》, 코리아닷컴, 2020.

2   리처드 로즈크랜스,《서양의 부활》, 미지북스, 2015.

3   유발 하라리,《사피엔스》, 김영사, 2015.

4   Erik Brynjolfsson·Andrew McAfee,《THE SECOND MACHINE AGE》, W.W. Norton & Company, 2016.

5   클라우스 슈밥,《클라우스 슈밥의 제4차 산업혁명》, 메가스터디북스, 2016.

6   김명자,《산업혁명으로 세계사를 읽다》, 까치, 2019.

7   제러미 리프킨,《3차 산업혁명》, 민음사, 2012.

8   Innocentive, https://www.innocentive.com

9   레이 커즈와일,《특이점이 온다》, 김영사, 2007.

10 Levy and Murmane, Blackrock Investment Institute, 2014.

11 김범준 외,《코로나19 위기·대응·미래》, 이음, 2020.

12 크리스 앤더슨,《메이커스》, 알에이치코리아, 2013.

13 우운택,〈가상증강현실에서 메타버스 응용까지〉, 제186회 한림원탁토론회 주제발표, 2021.

14 Janelia Research Campus, https://www.janelia.org

15 다니엘 슈텔터,《코로노믹스》, 더숲, 2020.

16 신성철, 부산과학기술기획평가원 초청 강연(2017), 전자신문, 2018. 10. 8.

17 〈2019 기술무역통계보고서〉, 과학기술정보통신부, 2020.

18 KAIST 미래전략연구센터,《2030 카이스트 미래경고》, 김영사, 2020.

19 신성철, "기초 연구 투자 확대의 의미", 〈디지털타임스〉, 2008. 10. 9.

20 Max Planck Institute of Microstructure Physics, https://www.mpi-halle.mpg.de

21 Weizmann Institute of Science, https://www.weizmann.ac.il

22 헤르만 지몬,《히든 챔피언》, 흐름출판, 2008.

23 〈중앙일보〉, "장롱특허만 쏟아낸다", 2021. 6. 21.

24 연구개발특구진흥재단, https://dd.innopolis.or.kr

25 〈산업부 소재·부품 종합 정보망〉, 산업자원부, 2021.

26 정용,〈원격의료의 과학기술〉, 제187회 한림원탁토론회 주제발표, 2021.

27 CERN, https://home.cern

28 LBNL, https://lbl.gov

29 한국핵융합에너지연구원, https://www.kfe.re.kr

30 NASA, https://www.nasa.gov

31 Clarivate·KAIST, 〈글로벌 AI 혁신 경쟁: 현재와 미래〉, 2021.

32 Joseph R. Biden, A Letter to Dr. Eric S. Lander, the President's Science Advisor and
    Director of the Office of Science and Technology Policy, The White House(2021).

33 D. Wallace-Wells, *The Uninhabitable Earth*, William Morris Endeavor Entertainment,
    LLC, 2019.

34 International Energy Agency, https://www.iea.org

35 박진호, 〈탄소중립 시대를 위한 과학기술 이슈 및 도전〉, 제184회 한림원탁토론회 주
    제발표, 2021.

36 〈과학기술자문백서〉, 국가과학기술자문회의, 2016.

37 K. Schwab, *The NEXT*, World Economic Forum, 2018.

38 정근모, 《기적을 만든 나라의 과학자》, 코리아닷컴, 2020.

39 홍미영·김주원, 〈KISTEP Issue paper〉 제309호, 2019.

40 박현욱 외, 〈KAIST 시스템 반도체 인력 양성 계획〉, 2020.

41 알렉 로스, 《알렉 로스의 미래산업보고서》, 사회평론, 2016.

42 KAIST 미래전략연구센터, 《카이스트 미래전략 2020》, 김영사, 2019.

43 KAIST 미래전략연구센터, 《카이스트 미래전략 2021》, 김영사, 2020.

44 최장욱, 〈한국 배터리 산업의 현재와 미래〉, 과학기술총연합회포럼, 2021.

45 김상욱, 〈핵심 소재 산업 육성을 위한 KAIST 혁신 전략 보고서〉, 2019.

46 "Why diplomacy and science need each other?", *Foreign Affairs*, 2015.

47 정근모, 《기적을 만든 나라의 과학자》, 코리아닷컴, 2020.

48 ITIF, https://itif.org

대한민국
과학기술
미래전략